Wilder Norden

Einzigartige Naturlandschaften in Skandinavien

Weltbild

ZU DIESEM BUCH

Der Norden Europas – vom feurigen Island bis zum dänischen Wattenmeer, von den Eisinseln Spitzbergens bis zu den Weißbirkenwälder Schwedens – vereint viele unterschiedliche Landschaftsformen in sich. Die erholsame Stille tiefer Wälder und blühende Hochmoorlandschaften, die Weite des Meeres und eine schier endlose, reich gestaltete Küstenlinie gehören ebenso dazu wie die mächtigen Gletscherströme in der Hochebene Norwegens und die grünen Färöerinseln. Zahlreiche Landstriche sind nur spärlich bevölkert, sodass sich vielerorts eine einzigartige Natur in all ihrer Wildheit erhalten konnte.

Der schwarze Sand auf der Landspitze Stokksnes im Südosten Islands bildet einen reizvollen Kontrast zum Dünengras, zum Himmel wie zum Meer. Im Hintergrund ragt das Vestrahorn auf, Teil des Berges Klifatindur.

INHALT

Es ist eine seltsame Laune der Natur, dass der Eisbär, das größte an Land lebende Raubtier der Erde, ausgerechnet in einer der unwirtlichsten Weltgegenden mit dem geringsten Nahrungsangebot zu Hause ist: der Arktis.

ARKTIS

Rund um den Nordpol erstreckt sich die Arktis, ein Gebiet mit extremen Lebensbedingungen. Die polnahe Hocharktis ist das ganze Jahr über eine Welt aus Eis und Schnee. Weiter im Süden taut die Oberfläche im Sommer ab, bleibt aber ein ebenso spezieller wie faszinierender Raum. Eisbären sind typische Bewohner der nördlichen Polarregionen und gelten als »Könige der Arktis«. Sie gehören zu den größten an Land lebenden Raubtieren der Welt.

NORDPOLARMEER

Das auch als Arktisches Meer bezeichnete Nordpolarmeer umfasst die Gewässer der Polarregion der Nordhalbkugel und grenzt an die Landmassen Nordamerikas, Nordasiens und Skandinaviens. Wegen seiner breiten Öffnung zum Atlantischen Ozean gilt es als eines von dessen Nebenmeeren. Andererseits wird das Nordpolarmeer wegen seiner gewaltigen Größe von mehr als 14 Millionen Quadratkilometern vereinzelt auch als eigener Ozean begriffen. Verbindungen zum Atlantik bestehen über das Europäische Nordmeer zwischen Grönland und Skandinavien sowie über die westlich von Grönland verlaufende Davisstraße. Über die schmale Beringstraße besteht eine Öffnung zum Beringmeer und damit zum Pazifik. Weite Teile des Meeres sind von Eis bedeckt, die maximale Meerestiefe beträgt 5607 Meter. Der Eispanzer verbirgt die durchaus abwechslungsreiche Topografie des Meeresbodens, in dem einzelne Becken wie Eurasisches, Kanadisches und Zentralarktisches Becken entwickelt sind. Im Winter sind große Bereiche des Nordpolarmeers von einer mehrere Meter dicken Eisschicht bedeckt. An den Rändern löst sich die Eisdecke zu einzelnen Eisfeldern oder Eisbergen auf. Im Sommer hingegen tauen die Eismassen in den polferneren Gebieten auf, aufgrund des Klimawandels nimmt dies zu.

Die Arktis hat ihren Namen nach dem Bären (griechisch »arctos«) erhalten. Vor rund 50000 Jahren spezialisierten sich einige Exemplare auf die Robbenjagd, passten sich der Kälte an und besiedelten die zirkumpolaren Eiswüsten.

Eine dicke Speckschicht schützt die imposanten Walrosse vor Kälte.

EUROPÄISCHES NORDMEER

Das Europäische Nordmeer ist als Teil des Arktischen Meeres ein Randmeer des Atlantischen Ozeans. Es liegt zwischen der Inselgruppe Spitzbergen (Norden), Norwegen (Osten), Grönland und Island (Westen) und umfasst eine Fläche von rund 1,1 Millionen Quadratkilometern. Da dieses Meer kein Schelfmeer ist, also kein vom Meer bedeckter Randbereich eines Kontinents, erreicht es eine Tiefe von bis zu 4000 Metern (Durchschnittstiefe 1750 Meter). An seiner Oberfläche kühlt salziges, relativ warmes Wasser, das der Golfstrom in den Norden befördert hat, ab und sinkt in weite Tiefen – die tiefste Stelle des Europäischen Nordmeeres liegt bei 3970 Metern. Zum Ausgleich steigt kaltes Wasser auf – man nennt dies Konvektion. Dieses Durchmischen ist entscheidend für die Entstehung und Aufrechterhaltung der thermohalinen Zirkulation, also des Kreislaufs globaler Meeresströmungen. Als Förderband dieser Zirkulation hat das Europäische Nordmeer eine enorme Bedeutung für das Weltklima. Allein in vielen Teilen Nord- und Westeuropas sorgt der Strom für ein deutlich wärmeres Klima, als es für Breitengrade in dieser Höhe eigentlich üblich ist. Die Mischung aus warmen und kalten Strömungen sowie die vergleichsweise milden Temperaturen bieten einen Lebensraum für unterschiedlichste Tierarten.

Zu Tausenden fliegen Dreizehenmöwen zur Brutzeit an die Küsten Spitzbergens. Den Rest des Jahres verbringen sie schwimmend auf oder fliegend über dem offenen Meer und während der Jagd auch tauchend unter Wasser.

Karibisch anmutend zeigt sich einer der schönsten Strände der Lofoten: Haukland in der Nähe des Ortes Leknes. Kaum zu glauben, dass er am Polarkreis liegt und ihn das Wasser des Nordmeers erreicht.

SVALBARD-ARCHIPEL (SPITZBERGEN)

Obwohl ihre offizielle Bezeichnung Svalbard (»kühle Küste«) lautet, ist die etwa 1000 Kilometer vom Nordpol entfernte Inselgruppe im Arktischen Ozean in aller Welt unter dem Namen ihrer größten Insel »Spitzbergen« bekannt. Bis weit ins 19. Jahrhundert hinein wagten sich nur Walfänger, Pelztierjäger und Polarforscher in die eisige Region vor, die so jahrhundertelang einen Dornröschenschlaf hielt. Erst mit der Entdeckung reicher Kohlevorkommen um 1900 begann eine dauerhafte Besiedlung der Inseln. Lange stritten sich einige Nationen um das Gebiet. Im Spitzbergenvertrag von 1925 wurde der Archipel Norwegen zuerkannt. Auch nach dem Ende des Kohlebooms riss das Interesse nicht ab. Svalbard wurde Zentrum der Arktisforschung. Landschaftliche Vielfalt der Polarregion und ihre Flora und Fauna finden sich hier auf engstem Raum. Der Küstenlandstrich ist zerklüftet, und die Fjorde reichen weit in das Land hinein an die vergletscherten Gebirgszüge, an steile Klippen, und überall blühen im kurzen Frühling die Tundrengewächse. Hier bietet sich eine Fahrt mit dem Schiff an, das an Haltepunkten vor Anker geht und wo man bei Landgängen zu Seevögel- und Robbenkolonien gelangen kann. Mit Glück lässt sich bei so einem Ausflug ein Polarfuchs oder sogar ein Eisbär beobachten.

Die turmartigen Klippen des Wahlenbergfjords auf Nordaustlandet entstanden durch Erosion horizontal lagernder Sedimentschichten. Wie eine Festung erheben sie sich und werden dabei von dichten Wolken belagert.

Schwarze Spitzen stechen gleichmäßig wie Wellen aus der dunklen See. Bei diesem Anblick sollte klar werden, woher Spitzbergen seinen Namen hat.

SPITSBERGEN

Spitsbergen ist das westlichste und größte Eiland und somit die Hauptinsel des Svalbard-Archipels. Mit ihrer Fläche von 37 673 Quadratkilometern ist sie sogar größer als alle anderen Inseln zusammen. Obwohl Spitsbergen zur Hälfte von Gletschern bedeckt ist, ist sie die einzige der Inseln, die dauerhaft nicht nur von Landsäugetieren wie dem Polarfuchs, dem Svalbard-Rentier und dem Eisbären, sondern auch von Menschen bewohnt wird. Bei den dort vorherrschenden Temperaturen, die im Winter bis zu −17 °C und im Sommer bis lediglich 9 °C erreichen, ist dies verwunderlich. Wichtiger als ein gutes Klima waren den ersten Menschen, die sich dort 1906 ansiedelten, die wertvollen unterirdischen Kohlevorkommen. In der Nähe des ersten Kohlewerks wurde die Stadt Longyearbyen gegründet, die heute vor allem das Zentrum für Forschung und Tourismus ist.

Auf einen Blick

Lage: Hauptinsel des Svalbard-Archipels, in seinem Westen gelegen
Größe: 37 673 km^2

Spitsbergen kurz vor dem Versinken in das Dunkel der Nacht. Die imposante Kulisse wird zusammen mit den schroffen Felsen und den eisblauen Gletschern der Insel als einzigartiges Bild von der vereisten See reflektiert.

Seit den 1920er-Jahren wurde in Pyramiden (links im Bild) unter sowjetischer Führung Kohle abgebaut. Die mittlerweile verlassene Bergarbeitersiedlung liegt am Fuß eines pyramidenförmigen Berges, der dem Ort den Namen gab.

SØR-SPITSBERGEN
Nationalpark

Die Südspitze der Hauptinsel beherbergt den größten Nationalpark des Archipels, den Süd-Spitzbergen-Nationalpark. Von seinen mehr als 13 000 Quadratkilometer Fläche macht weniger als die Hälfte Festland aus. Weite Teile sind von großen Gletschersystemen oder Eiskappen bedeckt, doch auch spitze Felsformationen gelten als charakteristisch für die Landschaft. Entlang der Meeresküste ist die Vogelwelt in Reservaten gut aufgehoben. Im Osten des Parks liegt eine der größten Seevogelkolonien von ganz Spitzbergen. Der Hornsundfjord hingegen, der sich von Westen ins Land schiebt, ist »Eisbären-Land«. Hier ziehen die großen Bären zwischen Storfjord und Vest-Spitzbergen entlang. Die Chancen, die großen Jäger beobachten zu können, stehen in dieser Gegend sehr gut. Dass hier früher Menschen lebten, zeigen die Funde einer Walfangstation aus dem 17. Jahrhundert bei Gåshamna.

Auf einen Blick

Lage: südlichster Teil der Insel Spitsbergen
Größe: 13 286 km^2
Gründung: 1973
www.norgesnasjonalparker.no

Auf dem Treibeis ist der Eisbär voll in seinem Element. Der »König der Arktis« verbringt oft den größten Teil seines Lebens hier. Auf seinen Wanderungen legt er teilweise sehr weite Strecken durch die Arktis zurück.

Panoramablick auf die Überreste des Hornsund-Gletschers. Der Fjord an der Südspitze Spitsbergens reicht 25 Kilometer weit ins Landesinnere und ist ein beliebtes Jagdrevier für Eisbären.

NORDVEST-SPITSBERGEN
Nationalpark

Robben und Fische sind Alltagskost des Eisbären, im kurzen Sommer nehmen sie zusätzlich Pflanzen zu sich. Doch auch die (noch) unbedarften Seevögel stehen auf seinem Speiseplan.

Der Name verrät die Lage: An der Nordwestecke liegt der Nordvest-Spitsbergen-Nationalpark, von seinen fast 10 000 Quadratkilometern befindet sich immerhin mehr als ein Drittel an Land. Ebenfalls 1973 eingeweiht, bietet er eine sehr vielfältige Landschaft: Buchten und kleine Inseln vor der Küste ebenso wie gletscherbedeckte Berge, Vulkanreste sowie warme Quellen. Unzählige Seevögel nisten, Walrosse kommen ans Ufer, zudem sind Svalbard-Rentiere und Polarfüchse anzutreffen, während Eisbären in Schneehöhlen den Winter verschlafen. Auch Spuren menschlicher Aktivität beherbergt der Park: Überreste früher Arktisexpeditionen sowie verlassene Gräber samt Siedlungsresten holländischer Walfänger aus dem 17. Jahrhundert. Von hier aus versuchte 1897 der Schwede Salomon Andree mit einem Wasserstoffballon den Nordpol zu erreichen – sein Versuch scheiterte jedoch.

Auf einen Blick

Lage: umfasst Albert-I-Land und Haakon-VII-Land im Nordwesten der Insel Spitsbergen sowie vorgelagerte Inseln
Größe: 9914 km^2
Gründung: 1973
www.norgesnasjonalparker.no

Nach einer erfolgreichen Jagd auf Nahrung – Bartrobben ernähren sich vor allem von Garnelen, Schnecken, Muscheln und Krebstieren – genießt dieses wohlgeformte Exemplar die Sonne auf einer Eisscholle.

INDRE-WIJDEFJORDEN
Nationalpark

Der Indre-Wijdefjorden-Nationalpark ist der kleinste der sieben Nationalparks auf Spitzbergen. Er befindet sich an der südlichsten Stelle des Wijdefjord. Der sich von Norden nach Süden in die Hauptinsel einschneidende Fjord ist 108 Kilometer lang und wird von den Landmassen Andrée-Land, Dickson-Land und Ny-Friesland begrenzt. Hier mündet der Gletscher Mittag-Lefflerbreen in den Fjord. Den Namen Wijdefjord (niederländisch für »weiter Fjord«) trägt er wegen seiner breiten Mündung. Die besonderen klimatischen und geologischen Bedingungen rund um den Fjord bieten Lebensraum für eine einzigartige Vegetation. Einige Arten wie der Kranzenzian (Gentianella tenella), die zweiteilige Schuppensegge (Kobresia simpliciuscula) oder das lilafarbene Riedgras findet man nur hier. Von den größeren Fjorden auf Spitzbergen ist der Wijdefjord am wenigsten vom Tourismus berührt.

Auf einen Blick

Lage: an der Nordküste von Spitsbergen, zwischen Andrée-Land im Westen, Dickson-Land im Süden und Ny-Friesland im Osten
Größe: 1127 km^2
Gründung: 2005
www.norgesnasjonalparker.no

NORDRE ISFJORDEN
Nationalpark

Der »Nord-Eisfjord-Nationalpark« gehört zu den vier jüngsten Parks auf Spitzbergen. Erst 2003 gegründet, umfasst er fast 3000 Quadratkilometer. Zwei Drittel davon sind Landfläche, bestehend aus der gesamten Nordseite des großen Fjords, der sich bei Barentsburg in die Seite der großen Hauptinsel hineinfrisst. Tatsächlich friert dieser aber nicht immer zu. Oft strömt sogar warmes Salzwasser hinein, was den Fjord reich an Plankton macht. Das wiederum nährt zahlreiche Krebstiere und Fische, die Seevögeln und Robben ein reiches Büfett bieten. Aus diesem Grund liegen zwei bedeutende Vogelschutzgebiete im Nationalpark, Heimat von Papageitauchern und Krabbentauchern. Doch auch die Vegetation gedeiht gut am inneren Fjordufer – Nonnengans und Birkhuhn profitieren davon, aber auch die zahlreichen Polarfüchse und Rentiere finden ausreichend Nahrung.

Auf einen Blick

Lage: umfasst Gebiete auf der Nordseite des Isfjord, von Skansbukta auf Dickson-Land bis Eidembukta auf Oscar-II-Land, einschließlich des Nordfjords
Größe: 2954 km^2
Gründung: 2003
www.norgesnasjonalparker.no

Ein großer Schwarm Dreizehenmöwen fliegt über den Gletscher (unten). In den Vogelschutzgebieten des Parks fühlen sich Birkhühner (Bildleiste von oben), Eissturmvögel und Nonnengänse sichtlich wohl.

Das schneebedeckte Bergmassiv von Adventdalen spiegelt sich bei Dämmerung als spektakuläres Bild im Isfjord.

NORDENSKIÖLD-LAND
Nationalpark

Rentiere sind die einzige Hirschart, bei denen auch das Weibchen ein Geweih trägt. Sie werfen es im Sommer ab, während alte Bullen im Dezember und Jungbullen ihr kurzes Geweih im Frühjahr verlieren.

Der Nationalpark Nordenskiöld-Land liegt im Süden der namensgebenden Halbinsel auf Spitsbergen und bietet eine Vielfalt an unterschiedlichen Geländearten: flache Küstengebiete, Feuchtgebiete und Hochmoore, alpines Gelände und die Täler Berzeliusdalen und Reindalen. Letzteres ist das größte gletscherfreie Tal in ganz Spitzbergen und bietet aufgrund seiner Schotterflächen Lebensraum für eine Vielzahl von Steinbrecharten wie dem

Violetten Steinbrech, dem Gegenblättrigen und dem Polstersteinbrech. Der vorherrschende Vegetationstyp der Tundra ist ideal für Rentiere, die hier zu Tausenden wohnen – daher der Name des Tals. Die nordische Hirschart zählt zu den Säugetieren, die am nördlichsten leben und von allen Landsäugern die weitesten Strecken wandern. Um nämlich dem arktischen Winter zu entgehen, legen wilde Rener, so der Plural, jedes Jahr bis zu 5000 Kilometer zurück.

Auf einen Blick

Lage: umfasst in der südlichen Hälfte der namensgebenden Halbinsel Nordenskiöld-Land alpines Gelände, die Küste, Berzeliusdalen und Reindalen
Größe: 1362 km^2
Gründung: 2003
www.norgesnasjonalparker.no

NORDAUSTLANDET

Nordöstlich von Spitsbergen liegt die zweitgrößte Insel des Svalbard-Archipels. 80 Prozent der Fläche von Nordaustlandet (»Nordostland«) sind unter den Eismassen riesiger Gletscher verborgen. Der Vestfonna im Westen umfasst eine Fläche von 2450 Quadratkilometern, die bis zu 430 Meter dicke Eiskappe des Austfonna im Osten der Insel bedeckt sogar eine Fläche von 8450 Quadratkilometern und zählt damit zu den größten Gletschern

der Welt. Nur die Nordküste, die wie Spitzbergen unter dem Einfluss von Ausläufern des Golfstroms steht, ist im Sommer eisfrei. Der Küstenbereich wird von Seevögeln, Robben und Walrossen bevölkert. Eisbären und Polarfüchse jagen hier, und in der kargen Tundra sieht man Rentiere weiden.

Oben: Die Inuit nennen Eisbären Angalatooq, »große Wanderer«. Denn anders als andere Bären halten sie keine Winterruhe und sind stattdessen das ganze Jahr über auf Wanderschaft, um Beute zu jagen. In der aufrechten Stellung ist er allerdings nur selten anzutreffen, da er sich meist auf allen vieren bewegt.

Auf einen Blick

Lage: nordöstlichste und zweitgrößte Insel des Svalbard-Archipels
Größe: 14443 km²

Wie ein Fort erhebt sich die größte Eiskappe Svalbards in den Himmel der Dämmerung. Die Austfonna-Eiskappe misst an ihrer dicksten Stelle 560 Meter und hat einen Umfang von 200 Kilometern.

BJØRNØYA

Die im Jahr 2002 zum Naturschutzgebiet erklärte Bjørnøya (»Bäreninsel«) gehört trotz einer Entfernung von rund 230 Kilometern zum Svalbard-Archipel. Auf dem fast unbewohnten Eiland – nur eine Wetterstation wird ganzjährig von zwölf Leuten besetzt – wachsen keine Bäume und auch sonst ist das Gebiet weitgehend vegetationsfrei. Als einziges Landsäugetier lebt hier der Polarfuchs. Manchmal, wenn der Zugang zur Insel zugefroren ist, gesellen

sich einige wenige Eisbären dazu. Die spektakulären Steilküsten mit ihren charakteristischen Brandungspfeilern und Höhlen allerdings bieten einen wichtigen Brutplatz für eine Vielzahl arktischer Vögel wie die schwarz-weißen Dickschnabellumme und wurden deshalb von BirdLife International als wichtiges Vogelgebiet ausgeschrieben.

Auf einen Blick

Lage: etwa auf halbem Weg zwischen dem Nordkap und der Insel Spitsbergen, gehört zum Svalbard-Archipel
Größe: 178 km²

Aus dem westlichen Teil der Barentssee ragt die karge Bäreninsel heraus. Während des Zweiten Weltkrieges und des Kalten Krieges hatte sie eine wichtige strategische Bedeutung. Die bis zu 400 Meter hohen, fast senkrechten Felsklippen im Süden der Bäreninsel sind das Revier unzähliger Vogelarten. Ungestört von Mensch und Feind können sie hier in Ruhe brüten. Der passendere Name für die Insel wäre also wohl Vogel- statt Bäreninsel.

Im Osten des Europäischen Nordmeeres liegt die wilde Barentssee, die zwischen den Küsten Norwegens und Russlands und den Inselgruppen Nowaja Semlja und Svalbard eingebettet ist. Durch den Nordatlantikstrom herrschen vergleichsweise milde Wassertemperaturen, die ein hohes Algenwachstum zur Folge haben. Dies wiederum zieht Unmengen an Fischen an, die aufgrund des großen Nahrungsangebots nicht selten zu riesigen Exemplaren heranwachsen. Besonders Kabeljau (Dorsch), Heilbutt, Rotbarsch und Schellfisch fühlen sich hier wohl. Wirtschaftlich gesehen gehört die Barentssee aber nicht nur zu den wichtigsten Fischfangregionen der Erde; im Schelfgebiet Eurasiens befinden sich auch große Erdgas- und Erdöllagerstätten, die erst zum Teil erschlossen sind. Den russischen Bereich der Barentssee nutzen die Kremlherren seit Beginn der Atomwaffentests auf Nowaja Semlja (1957) zur wilden Entsorgung von hochradioaktivem Atommüll und Kernreaktoren. Auf dem als Endlager benutzten Meeresgrund befinden sich mehrere russische Kriegsflottenbasen – 2000 sank das Atom-U-Boot »Kursk« mit 118 Seeleuten an Bord. Das finnische Territorium östlich der norwegischen Grenze (Petschenga) wurde in den Jahren 1944/47 von der Sowjetunion mit verheerenden negativen Folgen für die Umwelt annektiert.

Poolepynten an der Westküste von Prinz-Karl-Vorland ist ein beliebter Treffpunkt der hier lebenden Walrosskolonien. Die schneebedeckten Berge von Spitsbergen im Hintergrund bilden einen schönen Kontrast.

Walrosse sind Herdentiere, die in großen Kolonien leben – meistens aufgeteilt in männliche und weibliche Gruppen.

JAN MAYEN

Die vergletscherte Vulkaninsel Jan Mayen liegt in der Grönlandsee des Nordatlantiks auf halber Strecke zwischen Island und Spitzbergen. Hier quoll Lava aus dem Meeresboden, höchster Gipfel der erstarrten Masse ist der 2277 Meter hohe Beerenberg-Vulkan. Benannt ist die Insel selbst nach dem holländischen Walfänger Jan Jacobszoon May – Henry Hudson hatte sie 1607 während einer Fahrt durch das Nordpolarmeer entdeckt, und ab 1640 wurde

sie immer wieder von Walfängern und später auch Robbenjägern besucht. Norwegen gliederte das Eiland 1929 in sein Staatsgebiet ein, um der Walfangindustrie einen weiteren Stützpunkt zu sichern. Heute ist Jan Mayen offiziell der Verwaltung des Gouverneurs von Svalbard unterstellt. Die Crew einer Radio- und Wetterstation bildet die 18-köpfige »Wohnbevölkerung« der hafenlosen Insel, sie wird über ein kleines Rollfeld ein- und ausgeflogen. Doch die Natur ist geschützt, jeder Besuch muss genehmigt werden.

Oben: Ein fast perfekter Vulkankegel inmitten des Meeres – schon von Weitem kann man den 2277 Meter hohen Beerenberg sehen. Seine Spitze versteckt sich meistens hinter dichten Wolken – ein fast mystischer Anblick.

Wenn man nicht wüsste, dass es sich um eine Satellitenaufnahme handelt, könnte man meinen, dass das Meer die Insel auf solch beeindruckende Weise umspült. Tatsächlich handelt es sich aber um Wolken. Auf dem jungen dunklen Lavagestein siedeln Flechten und Moose, ansonsten ist die Insel karg. Rund um das felsige Eiland, 373 Quadratkilometer groß, beträgt die Wassertemperatur dank des warmen Golfstroms durchschnittlich 1 °C.

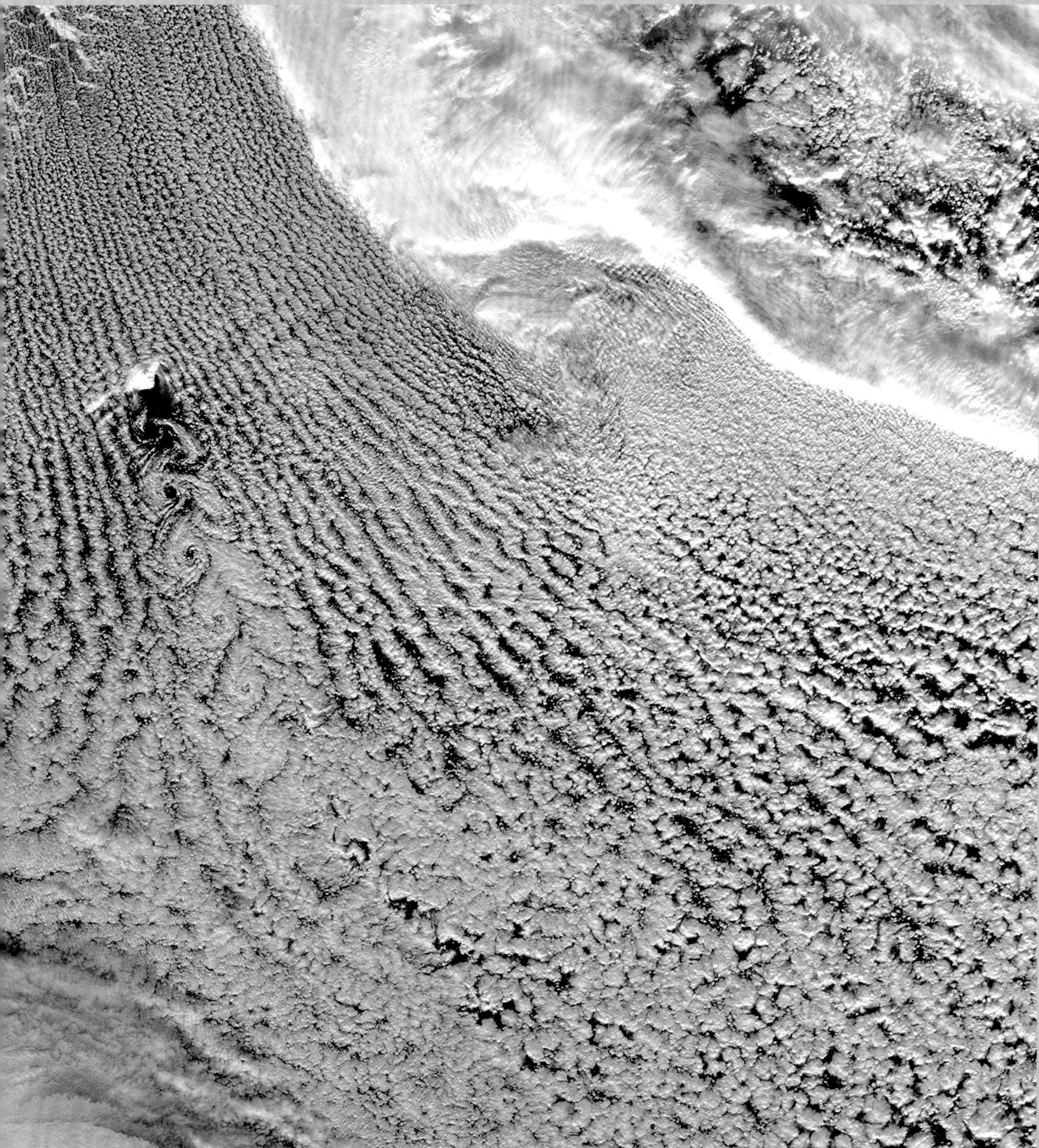

ISLAND

Island ist ein Land extremster Kontraste: In seiner kargen Landschaft zeigen sich die Elemente Erde, Feuer, Wasser und Luft besonders spektakulär – aktive Vulkane, tiefgrüne Täler, von Gletschern geformte Fjorde, schwarze Strände und rauschende Wasser. In jeder Himmelsrichtung offenbaren sich unfassbare Naturschätze: der unberührte, schroffe Norden, die Naturhäfen und Waldgebiete im Osten, die spektakuläre Küstenlinie des Südens und der wilde Westen mit Vulkanen und Wasserfällen.

ISLAND

Island, mit 103 000 Quadratkilometern der zweitgrößte Inselstaat Europas und zugleich die größte Vulkaninsel der Welt, liegt knapp südlich des Polarkreises im Nordatlantik. Weite Teile des wüstenhaften Hochlands im Inselinneren sind unbewohnt, die Siedlungen konzentrieren sich entlang der Küste. Über ein Drittel der lediglich 338 000 Einwohner lebt in der Hauptstadt Reykjavík im Westen. Die Insel ist gebirgig, ihre Durchschnittshöhe liegt bei

500 Metern. Island wird nicht umsonst auch die »Insel aus Feuer und Eis« genannt: Viele der aktivsten und gefährlichsten Vulkane der Insel liegen unter mächtigen Inlandeisschilden. Nördlich des Vatnajökull liegt Islands größtes zusammenhängendes Lavafeld – die etwa 4500 Quadratkilometer große Ódáðahraun, die »Wüste der Missetäter«.

Oben: Die vom Sonnenuntergang beleuchteten markanten Klippen des Vestrahorn werden auf wunderschöne Weise an der Wasseroberfläche des Nordmeers reflektiert. Fast scheint es, als würde der Himmel brennen.

Besonders im Winter herrschen in Island extreme Bedingungen: Temperaturen sinken auf eisige Minusgrade, die Sonne scheint für höchstens vier Stunden und es fallen Unmengen an Schnee, die das ganze Land bedecken.

Südküste

Das Hinterland der Südküste beherrschen die beiden großen Gletscher Vatnajökull und Mýrdaljökull, davor liegen ausgedehnte Sanderflächen. Südisland ist reich an vulkanischen Phänomenen und Geothermalgebieten, unter dem Eis schlummern die gefährlichsten Vulkane der Insel. In Küstennähe ist oftmals Landwirtschaft möglich, um Hveragerði herum gibt es die größten Gewächshauskulturen, die alle mit Erdwärme beheizt werden. Im Süden lohnen eine Vielzahl gut erschlossener Naturphänomene und mehrere historisch bedeutsame Stätten wie der alte Thingplatz (Þingvellir) einen Besuch.

Dramatische Schönheit an der Südküste, wo donnernde Wellen auf schwarzen Sand treffen: Reynisfjara (oben) und die Halbinsel Dyrhólaey (unten).

Ostküste

Der Osten des Landes gilt als Heimat der Elfen und Trolle und besticht durch seine nicht enden wollenden Fjorden, die teilweise kilometerlang ins Landesinnere ragen, mit dem kontrastreichen Hochland und seinen spektakulären Wasserfällen, schwindelerregenden Canyons, mit dem eindrucksvollen Bergmassiv des Vestrahorns, mit ihren großen Vogelpopulationen sowie mit schmucken Fischerorten voller Geschichte und Kultur – um nur einige der Highlights zu nennen, die Besucher hier erwarten.

Während des Sonnenunter- und Sonnenaufgangs wird das Vestrahorn in spektakuläres Licht getaucht.

Nordküste

In Islands Norden dampft und zischt es auf Schritt und Tritt. Schlammtöpfe köcheln vor sich hin, und ganze Berge leuchten wegen des auskristallisierten Schwefels in allen Gelb- und Orangetönen. Vor allem rund um den Mývatn-See lassen sich sämtliche vulkanische Phänomene hautnah erleben. Der See selbst ist mit seinen grünen Inseln und Buchten ein liebliches Vogelparadies. Das Klima ist trotz der Nähe zum Polarkreis oft erstaunlich mild und trocken. Deshalb zeigen sich die kleinen Orte Siglufjörður und Húsavík und auch Islands zweitgrößte Stadt Akureyri oft sommerlich freundlich.

Die atemberaubende Schöpfungskraft der Natur wird auf Hornstrandir (oben) und mit den Basaltfelsen von Hvitserkur (unten) zur Schau gestellt.

Westküste

Westisland reicht vom tief eingeschnittenen Fjord Hvalfjörður im Süden bis zum kleinen Gilsfjörður im Norden. Im Osten bilden die Ausläufer des Hochlandes und des Gletschers Langjökull eine natürliche Grenze. Besucher erwartet eine abwechslungsreiche Landschaft mit grünen Wiesen und kahlen Lavafeldern. Aktiven Vulkanismus gibt es hier wegen der Entfernung zur Riftzone nicht mehr. Mehrere historisch bedeutende Orte gewähren Einblicke in die Landesgeschichte. Auf der weit ins Meer ragenden Halbinsel Snæfellsnes liegt mit dem Snæfellsjökull einer der schönsten Berge des Landes.

Über Jahrmillionen wurden schroffe Gesteinsformationen wie der Gatklettur (unten) von Wind, Wetter und Wasser geschaffen.

Hochland

Die Moränenlandschaft des weiten isländischen Hochlands ist an Extremen kaum zu überbieten: Hier treffen schroffe Berggipfel und tiefe Flusstäler, karge Steinwüsten und sumpfige Oasen sowie eisige Gletscher und brodelnde Lavafelder, die mit geothermalen Quellen gespickt sind, aufeinander. Die Vulkane, die in der gesamten Gegend verstreut liegen, waren in den letzten 10 000 Jahren relativ selten aktiv – der letzte Ausbruch datiert aus dem Jahr 1480. Im 1979 eingerichteten, 47 000 Hektar großen Naturreservat Fjallabak liegt Landmannalaugar, das bekannt für die malerisch schönen Rhyolithberge ist, die zum Großteil aus Quarz und Feldspat bestehen. Da diese fast vollkommen vegetationslos sind, wird ihre charakteristisch kräftige Färbung, die von Grün bis Ocker reicht, besonders betont.

Aus der kargen Landschaft des isländischen Hochlands erheben sich majestätische Vulkangipfel.

In der Ferne braut sich ein Gewitter zusammen. Im wahrsten Wortsinne ist das Hochland dann eine explosive Gegend.

ÞINGVELLIR
Nationalpark | UNESCO-Welterbe

Der 2004 zum UNESCO-Welterbe ernannte Nationalpark ist nicht nur historisch, sondern auch in geologischer Hinsicht ein bedeutender Ort. Die Versammlung der freien Männer hieß bei den Germanen »Thing«. Man traf sich an einem Platz unter freiem Himmel und beriet über Gesetze und andere Angelegenheiten. Seit dem Jahr 930 war das Þingvellir, wörtlich übersetzt »Tal des Thing«, Versammlungsort aller freien Männer Islands. Das jeweils gültige Recht wurde von einem »Gesetzessprecher« vorgelesen. Dann entschied man über Neuerungen und Änderungen, die das ganze Volk betrafen. Eine der wichtigsten war die Annahme des Christentums im Jahr 1000. 1798 fand das letzte Althing (Alþingi) statt, trotzdem behielt Þingvellir aber seine fast mythische Bedeutung. 1944 wurde hier die Republik und damit die vollständige Unabhängigkeit des Landes ausgerufen. Das Gebiet, das 1928 zum Nationalpark erklärt wurde, liegt auf der isländischen Dehnungszone, einem geologischen Riftgraben zwischen der Eurasischen und der Nordamerikanischen Platte. In der rund fünf Kilometer langen westlich gelegenen »Allmännerschlucht« Almannagjá fand das Althing statt, weil die steilen Wände die Sprache verstärkten, ohne ein störendes Echo hervorzurufen. Daneben gibt es hier viele Spuren der Besiedlungsgeschichte der letzten 1000 Jahre.

Tiefe Spalten durchziehen die vielerorts von Moos und niedriger Vegetation überzogene Lava im Þingvellir-Nationalpark. Kein Wunder: Mitten durch das Gebiet verläuft die Grenze der auseinanderdriftenden Kontinentalplatten.

Silfra-Spalte

Durch das Auseinanderdriften der Kontinentalplatten im Þingvellir-Nationalpark ist die Silfra-Spalte entstanden. Jedes Jahr weicht das Basaltgestein zu beiden Seiten der Spalte um rund sieben Millimeter auseinander. Bis zu 100 Jahre benötigt das Wasser vom 50 Kilometer

entfernten Langjökull, bis es die Silfra-Spalte erreicht hat. Während dieser Zeit bahnt es sich seinen Weg durch poröses Lavagestein, das wie ein Mikrofilter wirkt. Deshalb ist das Wasser in der Spalte kristallklar, die Sicht beträgt mehr als 100 Meter, was weltweit einmalig ist. Obwohl das Wasser hier das ganze Jahr über nur eine Temperatur um 2 °C hat, ist es ein beliebtes Revier für Taucher und Schnorchler. Trotz Dry Suit merkt man sofort, dass das Wasser eiskalt ist. Doch der Tauchgang lohnt sich – vor allem, wenn die Sonne scheint: Dann fluoreszieren die fadenförmigen Algen an den Felsen wie neongrüne Spaghetti. Durch das unglaublich klare Wasser verliert man jegliches Gefühl für die Tiefe, erst die aufsteigenden Luftblasen der anderen Taucher sorgen für ein wenig Orientierung. Am Ende geht es ziemlich durchgefroren, aber tief beeindruckt wieder an Land.

Auf einen Blick

Lage: Höfuðborgarsvæðið, im Südwesten von Island (etwa 40 km östlich von Reykjavík am Nordufer des Þingvallavatn)
Größe: 237 km²
Gründung: 1928 (ältester Nationalpark Islands)
UNESCO-Weltkulturerbe: seit 2004
www.thingvellir.is/english.aspx

HAUKADALUR

Auf den Strokkur ist Verlass: Alle zehn bis 15 Minuten wiederholt sich der Ausbruch des größten isländischen Geysirs. Das warme Licht der Morgensonne verleiht der Geysir-Landschaft in eine besonders magische Atmosphäre.

Ockerfarbenes Gestein, porös, rostrot und grün gefleckt von Mineralien. In der Mitte eine unscheinbar wallende Pfütze: Strokkur, die Attraktion im Haukadalur, ruht. Jedoch nur kurz, denn mit faszinierender Regelmäßigkeit entlädt sich der Geysir gen Himmel. Seine Spannung baut sich langsam auf. Wer genau hinsieht, kann ein Pulsieren im Wasser und die Auswölbung einer blau leuchtenden Blase beobachten. Zieht sich das Wasser in die Erdspalte zurück, steht der Ausbruch bevor. Ein-

drucksvolle 20 Meter hoch schleudert Strokkur seine Fontäne. Und das im Takt von wenigen Minuten. In Geothermalgebieten entstehen Geysire durch den Einschluss erwärmten Wassers in Erdspalten, die sich durch die Bildung von Wasserdampf entladen.

Auf einen Blick

Lage: Bláskógabyggð, im Süden von Island (Heißwassertal Haukadalur); direkt daneben befindet sich der nur noch selten ausbrechende Große Geysir (der Namensgeber aller Geysire)
Höhe: 25–35 m

GULLFOSS

Wenn die Wassermassen ins Tal stürzen, steigt ein Teil davon als feiner Sprühnebel in die Luft und führt oft zu kleinen Regenbögen.

Der »Goldene Wasserfall«, Gullfoss, zählt zu den schönsten und meistbesuchten Islands. Die Hvítá – der »Weiße Fluss« – stürzt über zwei gegeneinander versetzte Fallstufen insgesamt gut 30 Meter in eine enge und mehrere Kilometer lange Schlucht. Im Sommer, wenn die meisten Besucher kommen, führt die Hvítá in der Regel mehr als 100 Kubikmeter Wasser pro Sekunde, was den Gullfoss zu einem imposanten Schauspiel macht. Seit dem

Jahr 1979 stehen der Gullfoss und seine Umgebung unter Naturschutz. Dass der Wasserfall, der sich heute in Staatsbesitz befindet, nicht der Energieerzeugung geopfert wurde und heute als kleines Rinnsal in die Schlucht tröpfelt, ist in erster Linie der mutigen Bauerntochter Sigriður Tómasdóttir zu verdanken, die sich vehement für den Erhalt des Gullfoss eingesetzt hat. Zur Erinnerung an sie gibt es in der Nähe ein Denkmal.

Auf einen Blick

Lage: zwischen Hrunamannahreppur und Bláskógabyggð, im Süden von Island (Haukaladur)
Breite: 229 m
Fluss: Hvítá
www.gulfoss.is

SELJALANDSFOSS

Der Seljalandsfoss stürzt nahe der berühmten Ringstraße von der Felsenkante. Wer sich traut, kann hinter dem Wasserschleier entlanggehen.

SKÓGAFOSS
KVERNUFOSS

Nur wer sich ganz auf ihn einlässt, entdeckt sein Geheimnis: Unterhalb des Eyjafjallajökull, jenes Vulkans, der Island 2010 erst ins Bewusstsein der Welt rückte, liegt der Seljalandsfoss. Nicht seine Höhe von 60 Metern oder sein schöner, regelmäßiger Wasserschleier machen ihn so besonders, vielmehr die Tatsache, dass der Wasserfall von hinten begehbar ist. Eine Höhlung im Gestein bietet Gelegenheit für einen kurzen Halt und einen Blick durch die Gischt. Bei klarer Sicht sogar über den Ozean bis zu den entlegenen Westmännerinseln. Etwas abseits liegt in einer nur durch einen engen Spalt zugänglichen, moosbewachsenen Schlucht der Gljúfurárfoss. Hier stürzt das Wasser senkrecht von oben rund 40 Meter tief auf den Grund.

Besonders zur Abendstunde, wenn die Weiten Islands in intensiven Farben leuchten, ist ein Besuch am Seljalandsfoss empfehlenswert.

Auf einen Blick

Lage: direkt an der Ringstraße, zwischen Hvolsvöllur und Skógar, im Süden von Island
Fluss: Seljalandsá
www.south.is

Zwischen Eyjafjallajökull und Mýrdalsjökull bildet der Fluss Skógá einen beeindruckenden Wasserfall. Auf 25 Meter Breite stürzt das Wasser des Skógafoss 60 Meter in die Tiefe. Weiter flussaufwärts bildet der Fluss rund 20 weitere Wasserfälle. An der Ostseite führt die beliebte Trekkingroute Laugavegur bis nach Landmannalaugar. Nach einer Legende verbarg der Landnehmer Þrasi Þórólfsson eine Kiste voller Gold in einer Höhle hinter dem Skógafoss. Ein Junge fand die Truhe, bekam aber nur deren Griff zu fassen, bevor sie ihm entglitt und verschwand. Dieser Griff ist heute im nahen Regionalmuseum von Skógar zu sehen. Das höchst interessante Museum ist das Lebenswerk eines Mannes: Þórður Tómasson (geb. 1921). Er brachte nicht nur alte Torfhäuser, eine Schule und eine Kirche nach Skógar und richtete sie ein, auch unzählige Gebrauchsgegenstände überließ er dem Museum.

Der Name Skógafoss bedeutet »Waldwasserfall« und lässt vermuten, dass zu Zeiten der ersten Siedler hier Bäume gestanden haben.

Auf einen Blick

Lage: Skógar, im Süden von Island
Fluss: Skóga
www.south.is

Im Osten des Besuchermagnets Skógafoss liegt der kleinere Wasserfall Kvernufoss. Obwohl er sich nahe der Ringstraße befindet, wird er aufgrund seiner versteckten Lage in der Kvernugil-Schlucht von Reisenden oft übersehen. Vom Freilichtmuseum Skógar aus beginnt entlang des Kverná-Flusses eine etwa 20-minütige Wanderung zum 30 Meter hohen Wasserfall. Einen speziellen Reiz bietet die Tatsache, dass man ohne großes Gedränge hinter seine Kaskade steigen kann. Mit Blick auf die spritzende Gischt fühlt man besonders hier, wo der Touristentrubel noch keine Überhand genommen hat, die pure Kraft der Natur. Erstaunt bemerkt man dann bei genauerem Hinsehen vielleicht auch, dass von einer bestimmten Perspektive aus die Umrisse des blauen Himmels denen eines männlichen Gesichts im Profil entsprechen. Wahrlich ein faszinierender Ort, der zum Tagträumen einlädt.

Der Nachbar des Skógafoss lockt mit seiner Abgeschiedenheit und einem einmaligen Blick über die Kvernugil-Schlucht ein.

Auf einen Blick

Lage: im Osten von Skógafoss, im Süden von Island
Fluss: Kverná
www.south.is

HÁIFOSS

Der Wasserfall liegt nördlich der Hekla und ist nach Morsárfoss und Glymur der dritthöchste Islands. Über eine steile Stufe stürzt die Fossá 122 Meter in die Tiefe. Nicht weit entfernt gibt es einen weiteren Wasserfall, den Granni (»Nachbar«), der in dieselbe Schlucht stürzt und nicht minder sehenswert ist. Wer das Glück hat, die beiden Wasserfäl-

le im Sonnenschein zu erleben, der sieht im Wasserschleier einen schönen Regenbogen. Den Háifoss erreicht man entweder auf einer Piste, die nur mit einem Allradfahrzeug befahrbar ist, oder zu Fuß. Die Wanderung beginnt an den Ausgrabungen von Stöng und führt ohne Markierung durch das Tal der Fossá, das teilweise von farbigen Rhyolithbergen gesäumt ist. Nach rund drei Stunden kommt man oberhalb des Wasserfalls an. Ein schmaler, steiler Pfad führt von dort den Hang hinab zum Fuß des Háifoss in eine grüne Oase.

Die Fossá hat sich über Jahrmillionen ins Gestein gefressen und einen tiefen Canyon gebildet, in den der Háifoss und der Granni stürzen.

Auf einen Blick

Lage: zwischen Þjórsárdalur und Fossárdalur, im Süden von Island
Breite: 12 m
Fluss: Fossá í Þjórsárdal

Rechts rauscht der Háifoss in die Tiefe. An der Abbruchkante erkennt man die unterschiedlich harten Gesteinsschichten, die sich im Laufe der Zeit übereinanderlagerten.

FJALLABAK
Naturpark

Der 1979 eingerichtete Naturpark Fjallabak liegt zwischen 500 und 1000 Meter hoch, der höchste Berg ist mit 1281 Metern der Háskerðingur. Schon der Name Fjallabak (»hinter dem Berg«) deutet auf wild zerklüftete Berge und tief eingeschnittene Täler hin. Außerdem gibt es Lavaflächen, Sander, Seen und Flüsse. In den letzten 10 000 Jahren gab es hier relativ selten vulkanische Aktivitäten, der letzte Ausbruch datiert aus dem Jahr 1480. Zu dieser Zeit entstanden die Obsidianströme Laugahraun und Námshraun sowie der Lavastrom Norðurnámshraun. Auch der Explosionskrater Ljótipollur und der weiter nordöstlich gelegene Veiðivötn stammen aus dieser Epoche. Größere Eruptionen scheinen im Gebiet von Fjallabak durchschnittlich nur alle 500 Jahre aufzutreten. Doch im Naturpark gibt es noch intensive hydrothermale Aktivität, erkennbar an vielen heißen Quellen und Fumarolen.

Auf einen Blick

Lage: Naturschutzgebiet Fjallabak, im Süden von Island; dazu gehört auch die Gegend um Landmannalaugar
Größe: 450 km^2
www.fjallabak.is

Ein Fluss zieht sich gemächlich durch das Grasland im Tal, während sich im Schatten der beinahe nackten Berghänge noch große Schneefelder gehalten haben. Grüne Kuppen und rote Vulkanhügel zieren die Landschaft.

Charakteristisch ist die kräftige Färbung der Rhyolithberge, die in der Sonne in fast allen Regenbogenfarben leuchten. Verstärkt wird das beeindruckende Farbspiel noch dadurch, dass Rhyolithe fast vollkommen vegetationslos sind. Im Gegensatz dazu können Palagonitberge von grünem Moos überzogen sein. Beliebte Ziele im Naturpark sind die Gipfel von Bláhnjúkur und Háalda sowie die Fumarolen der Brennisteinsalda.

FJAÐRÁRGLJÚFUR

Nur wenige Kilometer von Kirkjubæjarklaustur entfernt, liegt am Anfang der Hochlandpiste zu den Laki-Kratern die Fjaðrárgljúfur, die einen längeren Aufenthalt lohnt. Durch die nur zwei Kilometer lange und bis zu 100 Meter tiefe Schlucht schlängelt sich der kleine Fluss Fjaðrá, der von den Gletschern im Hochland gespeist wird. Im Laufe der Jahrtausende hat er sich in mehreren Windungen tief in das Palagonitgestein eingegraben, hat senkrechte, glatt geschliffene Wände gebildet. Ein Stück kann man am Rand des Flussbettes durch den Canyon laufen, doch bald gibt es zwischen den Felswänden kein Weiterkommen mehr. Wer aber auf den Wiesen auf der Ostseite der Schlucht aufsteigt, kommt weiter und kann immer wieder einen Blick von oben auf den kleinen Fluss werfen und gleichzeitig die wunderschöne Aussicht genießen, bevor man die Fahrt zu den Laki-Kratern fortsetzt.

Die enge Fjaðrárgljúfur-Schlucht ist nur rund zwei Kilometer lang, und doch zählt sie zu den schönsten des ganzen Landes. Im Lauf der Jahrhunderte hat sich der Fluss hier tief in das Vulkangestein hineingegraben.

Wie ein juwelblaues Band schlängelt sich der Fjaðrá durch sein Flussbett. Zu beiden Seiten erhebt sich ocker leuchtend der Fjaðrárgljúfur-Canyon mit seinen blank geschliffenen, senkrechten Wänden.

Auf einen Blick

Lage: westlich von Kirkjubæjarklaustur, im Süden von Island
Länge: 2 km
Tiefe: bis zu 100 m
Fluss: Fjaðrá
www.south.is

KAP DYRHÓLAEY

Kap Dyrhólaey und das einige Kilometer weiter östlich gelegene Kötlutangi beanspruchen beide für sich, der südlichste Punkt Islands (ohne Vestmannaeyjar) zu sein. Es geht um wenige Meter. Da die Küstenlinie jedoch immer wieder ihren Verlauf ändert, gibt es keinen klaren Sieger. Sehenswert ist die Halbinsel Dyrhólaey, eine bis zu 120 Meter hohe Klippe, aber allemal. An der Spitze des Kaps fällt ein von der Erosion zerfressenes schwarzes Felsentor ins Auge. Es ist groß genug, dass kleinere Boote hindurchfahren können. Vom Leuchtturm, der das Kap krönt, genießt man in Richtung Osten einen weiten Blick bis zum Reynisfjall und den Reynisdrangar bei Vík í Mýrdal. In Richtung Westen erstreckt sich ein schwarzer, einsamer Traumstrand bis zum Horizont. Auf den grasbewachsenen Vorsprüngen des Kaps sitzen Dutzende Papageitaucher und machen sich startklar für den nächsten Beutezug.

Auf einen Blick

Lage: 6 km westlich von Vík, zählt zu einem der südlichsten Punkte in Island

Lavarot leuchtet die Klippe des Dyrhólaey in der Abenddämmerung und spiegelt so die Entstehung seiner Gesteinsformation wider: Vor 80 000 Jahren wurde das Kap durch einen submarinen Vulkanausbruch geformt.

Das berühmte Felsentor der vulkanischen Halbinsel Dyrhólaey wirkt wie von Menschenhand geschaffen – dabei ist es allein durch die Schöpfungskraft der Natur entstanden.

REYNISFJARA

Der schwarze Lavasand ist übersät von schön geschliffenen Basaltsteinen. Es sind ovale Handschmeichler, Murmeln in allen Größen. Wie ein Muschelsucher könnte man den Strand von Reyjnisfjara erkunden. Doch Muscheln gibt es hier nicht. An Islands südlichstem Saum wirft sich der Ozean gewaltig gegen die Küste, schleift unablässig, mahlt, formt das Land. Zartes und Zerbrechliches hält dem nicht stand. Lediglich die Reynisdrangar, drei schwarze Felsnadeln, die vor der Küste aus dem Meer aufragen, trotzen der Willkür der Wellen: Der Legende nach wollten die Trolle Skessudrangur, Landdrangur und Langsamur hier ein Schiff an Land bringen, wurden jedoch von der aufgehenden Sonne bei ihrer Tat überrascht und versteinerten auf der Stelle. Sehenswert ist auch ein erkalteter Lavastrom aus markantem Säulenbasalt.

Wie eine mystische Wassernixe verführt der wunderschöne Strand dazu, sich der tödlichen Brandung zu nähern. Diese gefährliche Anziehungskraft kostete schon einige Menschen das Leben.

Mit seinem durch Lavagestein erodierten, schwarzen Sand zählt der Reynisfjara zu den bekanntesten Stränden der Welt. Besonders diesige Tage verleihen dem Strand einen mondlandschaftlichen Charakter.

Auf einen Blick

Lage: im Osten von Kap Dyrhólaey, im Süden von Island

SKEIÐARÁRSANDUR

Ein rotes Leichtflugzeug fliegt über die wild verzweigten Flussstrukturen des vereisten Schmelzwassers, das aus dem Gletscher Vatnajökull in die weite Sandebene des Skeiðarársandur austritt.

Mit 1000 Quadratkilometern bildet der Skeiðarársandur die größte Schwemmlandebene an der Südküste. Vom Vatnajökull werden die beiden Flüsse Skeiðará und Núpsvötn gespeist, sie mäandern durch die weite Ebene, spalten sich dabei in unzählige kleine Arme auf, die fortwährend ihren Verlauf ändern. Die Skeiðará war das letzte Hindernis beim

Bau der Ringstraße, das erst 1974 durch eine fast einen Kilometer lange Brücke beseitigt werden konnte. Die Dimensionen dieser Ebene sind gewaltig, die Küstenlinie ist mehr als 50 Kilometer lang, und vom Vatnajökull bis zum Meer sind es 20 bis 30 Kilometer. Früher waren die Überquerung der Ebene und vor allem der Skeiðará ein gefährliches Unterfangen. Auf dem Hof Núpsstaður am Westrand lebte der legendäre Postreiter Hannes Jónsson, der Reisende jahrzehntelang sicher durch das unübersichtliche Flusslabyrinth der Skeiðará führte.

Oben: Besonders aus der Vogelperspektive werden die mäandernden Flussarme der Skeiðará ersichtlich.

Auf einen Blick

Lage: zwischen dem Skaftafell-Nationalpark und der Südküste Islands
Größe: 1000 km^2

HOLUHRAUN

Holuhraun ist ein riesiges Lavafeld im isländischen Hochland, das in unmittelbarer Nähe zweier großer Vulkansysteme liegt: der Askja und der Bárðarbunga. Im Süden schließt der Gletscher Vatnajökull das Feld ab. Die kontrastreiche Gegend kann lebensgefährlich sein; das wurde zuletzt 2014 unter Beweis gestellt, als es zu einer Spalteneruption und mehreren Erdbeben kam. Die Unmengen an Lava, die die horizontalen Verschiebungen des Erdbodens zwischen August 2014 und Ende Februar 2015 hervorbrachten, formten Holhuhraun neu. Die sechs Monate andauernde Eruption ließ das Feld auf eine Fläche von 1,4 Kubikkilometer wachsen. Entlang der Lavaspalte entstand ein 700 Meter langer Krater mit einer Höhe von 80 Metern. Seit dem Lavaausbruch 1783 stellt sie somit nicht nur die intensivste Eruption dar, sondern auch die, die seitdem das größte Lavafeld geformt hat.

Auf einen Blick

Lage: im Norden des Vatnajökull, im isländischen Hochland
Größe: 85 km^2

Meterhoch schießt Lava aus dem 700 Meter langen Spalt, der durch Verschiebungen des Erbodens entstanden ist. Bei diesem Anblick wird einem die gewaltige Energie, die in der Erde steckt, bewusst.

Zähfließende Lava bahnt sich wie ein Fluss der Hölle ihren Weg durch das Holuhraun-Gebiet (links). Dichte Dampfschwaden sorgten 2014 sogar dafür, dass der Flugverkehr zeitweise ausgesetzt werden musste. Schwefelwolken, die auch nach dem Ausbruch weiterhin aus dem Boden drangen, sorgten für eine enorme Luftverschmutzung, die sogar über den Atlantik bis nach Europa reichte (ganz links).

VATNAJÖKULL
Nationalpark

2008 wurde der Vatnajökull-Nationalpark gegründet, einer der größten Nationalparks Europas. Er umfasst den gesamten Vatnajökull, die ehemals eigenständigen Nationalparks Skaftafell und Jökulsárgljúfur sowie die Vulkanmassive von Askja und Herðubreið. Wie viele andere Gletscher Islands entstand der Vatnajökull nicht während der letzten Eiszeit, sondern vor etwa 2500 Jahren. Besonders stark wuchs er während der sogenannten Kleinen Eiszeit, die vom 15. Jahrhundert bis zum Ende des 19. Jahrhunderts dauerte. Seitdem wird der Gletscher wieder kleiner. Während der Nordteil des Vatnajökull mitten im Hochland liegt, das nur auf Allradpisten zu erreichen ist, führt an seiner Südkante über weite Strecken die Ringstraße entlang. Oft reicht das Eis bis fast an die Küste und die Ringstraße zwängt sich durch einen schmalen Streifen eisfreien Landes. Von Kirkjubæjarklaustur im Westen bis jenseits von Höfn im Osten durchquert man in Gletschernähe eine der faszinierendsten Landschaften Islands. Es geht durch die riesige Schwemmlandebene Skeiðarársandur, kurze Abstecher führen zu Gletscherzungen und Gletscherseen, auf denen Eisberge treiben. Doch die wahre Größe dieses Eisriesen erahnt man erst, wenn man auf einen der Gipfel steigt und von dort bis zum Horizont nur eine glitzernde Eisfläche erblickt.

Der größte Nationalpark Islands besticht durch eine einzigartige Mischung aus Gletschern und Vulkanen, sattgrünen Wiesen und schroffem Gestein sowie imposanten Wasserfällen und heißen Quellen.

Auf einen Blick

Lage: Norðurland eystra, Austurland, Suðurland
Größe: 14 200 km²
Gründung: 2008
www.vatnajokulsthjodgardur.is/en

Der größte Gletscher Islands – und auch der größte Gletscher Europas, wenn man die Polarregionen nicht berücksichtigt: der gewaltige Vatnajökull.

VATNAJÖKULL
Nationalpark

Schutzgebiet Skaftafell

Der im Jahr 1967 eingerichtete Skaftafell-Nationalpark ist Teil des Vatnajökull-Nationalparks. Benannt wurde er nach dem Berg Skaftafell, einem erloschenen und erodierten Vulkan. Am Südwestrand des Vatnajökull gelegen, wird er von den drei Gletscherzungen Skaftafellsjökull, Skeiðarárjökull und Öræfajökull eingerahmt. Wegen der Lage in unmittelbarer Nähe der

In windgeschützten Ecken der alten, stark verwitterten Felsen gedeiht nicht nur Moos hoch oben über dem Gletscher: Bei näherer Betrachtung erkennt man im Frühling und Sommer auch bunte Wildblumenstauden.

Am Svartifoss zeigt die Natur, welch perfektionistischer Architekt sie doch ist. Wie in feinster Handarbeit eingemeißelte Säulen erheben sich die Basaltsteine vulkanischen Ursprungs hinter dem Wasserfall.

Ringstraße, des gut organisierten Besucherzentrums, der hervorragenden Infrastruktur und des sonnigen Mikroklimas erfreut sich die Gegend großer Beliebtheit. Vielerorts wirkt Skaftafell wie eine grüne Oase im ewigen Eis. Die Vegetation gedeiht besonders gut, seit mit der Gründung des Nationalparks das Weiden von Schafen verboten ist. Es gibt ausgedehnte Birken- und Ebereschenwälder, einige Bäume erreichen sogar die für Island stattliche Höhe von zehn Metern.

Svartifoss

Eine beliebte Unternehmung von Skaftafell aus ist der gut halbstündige Spaziergang zum Svartifoss. Der Fluss Stórilækur ist eher ein Bach, und die Fallhöhe von etwa 20 Metern ist eigentlich auch nicht erwähnenswert. Doch das Wasser stürzt in ein von Basaltsäulen umrahmtes Becken, deshalb auch der Name Svartifoss, »schwarzer Wasserfall«. Wie Orgelpfeifen, von denen einige sogar herabhängen, wirken die grauen oder fast schwarzen Säulen aus Basalt. Entstanden ist der Kessel aus sechseckigem Säulenbasalt durch dünnflüssiges, kieselsäurearmes Magma, das an der Erdoberfläche relativ schnell erkaltet ist. Flussabwärts vom Svartifoss folgen die längst nicht so spektakulären Magnúsarfoss, Hundafoss und Þjóðafoss. Vom Wasserfall aus kann man zum Aussichtspunkt Sjonarsker gehen und den Vatnajökull bestaunen.

VATNAJÖKULL
Nationalpark

Skaftafellsjökull

Zwischen den Orten Kirkjubæjarklaustur und Höfn erstreckt sich der Skaftafellsjökull, eine der vielen Gletscherzungen des größten Gletschers Europas: Vatnajökull. Zusammen mit dem Wasserfall Svartifoss bildet er das Kerngebiet des ehemaligen Skaftafell-Nationalparks, der 2008 mit dem Vatnajökull-Nationalpark verschmolz. Der dramatische Rückzug der Gletscherzunge in den letzten Jahrzehnten zeigt ein eindrucksvolles und zugleich schockierendes Beispiel dafür auf, wie der Klimawandel Islands Gletschern zusetzt. Nichtsdestotrotz geben seine übrig gebliebenen Eismassen von zehn Kilometer Länge und 2,5 Kilometer Breite immer noch ein imposantes Bild ab. Seine beeindruckende Masse aus strahlend weißem, leuchtend blauem und von Asche schwarz gefärbtem Schnee kalbt in einen verhältnismäßig kleinen Gletschersee.

Der dunkle Fels des schneebedeckten Bergmassivs und die sturmträchtigen Wolken des düsteren Himmels lauern unheilbringend über den Eismassen der Gletscherzunge des Skaftafellsjökull.

In unwirklichem Blau fließt der Skaftafellsjökull zwischen den kantigen Bergketten und gräbt sich dabei immer weiter ins Gestein.

VATNAJÖKULL
Nationalpark

Eishöhlen

»Insel aus Feuer und Eis« wird Island häufig genannt. Besonders imposant interagieren die beiden so unterschiedlichen Elemente am Kverkfjöll. Unter dem Nordteil des Vatnajökull liefert der Vulkan Kverkfjöll genügend Energie für heiße Quellen. Diese bilden einen Heißwasserfluss, der sich unter dem Gletschereis seinen Weg sucht, dabei Höhlen bildet und irgendwann dampfend unter dem Eis hervorschießt. Die Eishöhlen können mehrere Kilometer lang sein und den Durchmesser von Autobahntunneln erreichen. Auch wenn es mit bloßem Auge nicht zu sehen ist: Gletscher sind ständig in Bewegung, deshalb reißt ihre Oberfläche auf, und es bilden sich ständig neue Spalten, die jedes Betreten gefährlich machen. Wer durch ein Seil gesichert auf einem Gletscher unterwegs ist, kann die Gefahr jedoch minimieren.

In Islands Eishöhlen leuchtet das Blau der Gletscher wie sonst nirgens auf der Welt. Das Farbspektrum reicht von dunklem, fast schwarz anmutendem Blau bis hin zu hellem Aquamarin.

Unter Islands Gletschern ergibt das Zusammenspiel aus Eis und Feuer eine eindrucksvolle Komposition: Heißwasserflüsse formen Eishöhlen, deren Decken wie geschliffenes Glas oder Diamanten wirken. Nicht umsonst werden sie auch Kristallhöhlen genannt.

VATNAJÖKULL
Nationalpark

Fjallsárlón

An den südlichen Ausläufern des Vatnajökull gibt es mit den Gletscherseen Stemmulón, Jökulsárlón, Breiðárlón und Fjallsárlón ganz besondere Attraktionen. Durch den Rückzug von Gletscherzungen entstanden hier in den letzten Jahrzehnten Seen, auf denen im Sommer Eisberge schwimmen. Die spektakulärsten Eisberge treiben auf dem Jökulsárlón, doch wer in Ruhe das Schauspiel von kalbendem Eis beobachten möchte, ist am Fjallsárlón richtig. Oberhalb des Gletschersees liegen Hvannadalshnúkur und Öræfajökull, von diesen zieht sich die Gletscherzunge Fjallsjökull bis in den See, in den sie kalbt. Das zerklüftete Eis des eisigen Stroms bildet teilweise haushohe Türme, die auf breiter Front in das Wasser des Gletschersees eintauchen. Einfach ans Ufer setzen und geduldig warten – die Chancen stehen gut!

Die Eislagune Fjallsárlón ist die unbekanntere Schwester des populären Jökulsárlón.

Jökulsárlón

Der Gletschersee Jökulsárlón liegt am Südrand des Vatnajökull zwischen Skaftafell und Höfn. Die Nähe zur Ringstraße macht den Jökulsárlón zu einer der meistbesuchten Sehenswürdigkeiten Islands. Von der Gletscherzunge des Breiðamerkurjökull, die sich in den letzten 100 Jahren über zwei Kilometer zurückgezogen hat, brechen ständig Eisberge ab, stürzen in den See und treiben dann über einen kurzen Fluss aufs Meer. Dicht gedrängt schwimmen auf dem See blaue, weiße oder schwarz-weiß gestreifte Eisberge. Blau erscheinen vor allem frisch abgebrochene Blöcke, da sie noch frei von Luftblasen sind. Nach einiger Zeit werden die Eisberge dann durch Lufteinlagerungen weiß, schwarze Farbbänder im Eis entstehen durch Ascheschichten nach Vulkanausbrüchen.

Beliebtes Ziel an der Ringstraße: der Jökulsárlón, dessen kleine Eisberge an einen schwarzen Lavastrand treiben.

VATNAJÖKULL
Nationalpark

Schutzgebiet Jökulsárgljúfur

Das Schutzgebiet unterteilt sich in Tief- und Hochlandregionen. Erstere können ganzjährig besucht werden, Letztere nur von Sommeranfang bis Herbst. Ein Highlight des Parks ist zweifelsohne die Schlucht der Jökulsárgljúfur. Die Schlucht ist 25 Kilometer lang, 500 Meter breit und bis zu 120 Meter tief, damit ist sie die größte Erosionsschlucht Islands. Vor kalten Winden geschützt sowie dank der Feuchtigkeit gedeiht auf ihrem Grund stellenweise eine dichte Vegetation. Die Schluchten am Gletscherfluss Jökulsá á Fjöllum, die Ásbyrgi-Schlucht, mehrere Wasserfälle, darunter der Dettifoss, und zahlreiche Lavaformationen gehören zu den weiteren Sehenswürdigkeiten des 120 Quadratkilometer umfassenden Nationalparks, der seit 2008 einen Teil des Vatnajökull-Nationalparks bildet.

Auf seinem langen Weg zum Nordmeer durchfließt der Jökulsá á Fjöllum ganz unterschiedliche Landschaften. In der Nähe des Dettifoss wird die schwarzbraune Basaltlandschaft von üppigem Grün überwuchert.

Nur wenige Hundert Meter vom Dettifoss, dem wohl mächtigsten Wasserfall Islands, entfernt, befindet sich flussaufwärts ein weiterer Wasserfall – oder genauer gesagt eine Ansammlung vieler einzelner Wasserfälle: der rund zehn Meter hohe Selfoss (links).

VATNAJÖKULL
Nationalpark

Der Dettifoss führt nicht nur Unmengen an Schmelzwasser mit sich, sondern auch immense Massen an Sand, Stein und Geröll. Täglich transportiert er etwa 120 000 Tonnen über die Felskante.

Dettifoss

Den Höhepunkt des Wasserfall-Trios von Dettifoss, Selfoss und Hafragilsfoss im Schutzgebiet Jökulsárgljúfur bildet der Erstgenannte, der Dettifoss. Er ist zwar nur 45 Meter hoch, stürzt aber über eine 100 Meter breite Stufe gischtend in die Tiefe. Vor allem die gewaltigen Mengen grauen Wassers, die in eine Schlucht fallen, machen ihn zu einem der beeindruckendsten Wasserfälle Europas. Bevor sich das Wasser über die Felsenkante stürzt, zeigt sich ein Kaleidoskop dessen, was freigesetzt wird, wenn Wasser seine Kraft entfaltet. Hier werden aus kleinen Rinnsälen plötzlich starke Ströme, die bis zum Atlantik Steine mit sich tragen. Mit seiner Wucht schnitzt der Dettifoss stetig eine neue Landschaft und verschiebt die Faltkante bis zu einem halben Meter jährlich. Er ist nur über eine Schotterpiste zu erreichen, die von der Ringstraße in Richtung Norden abzweigt und an der Ostseite der Schlucht entlangführt.

Dettifoss: »stürzender Wasserfall«. Man möchte meinen, dass das nichts Außergewöhnliches ist – bis man ihn in seiner ganzen Pracht erblickt, wie er mit einschüchternder, gewaltiger Kraft in den Canyon hinabdonnert.

VATNAJÖKULL
Nationalpark

Selfoss

Mit dem Selfoss beginnt die Serie von drei nahe beieinanderliegenden Wasserfällen der Jökulsá á Fjöllum. Während sein großer Bruder, der Dettifoss, weiter flussabwärts eher mit Wucht überzeugt, wirkt der Selfoss beschaulicher und lieblicher. Die Kante schließt sich wie ein Hufeisen um das fallende Wasser. In der Mitte scheint es, als ob die Fluten von einem Loch verschluckt würden – eine optische Täuschung. Der Wasserfall stürzt hier zwar nur zehn Meter in die Tiefe, ist aber immerhin 100 Meter breit. Die Wanderung hierher ist mühsamer, als sie zunächst wirkt, da sie unwegsam über Stock und Stein führt. Aber die ursprüngliche Landschaft mit ihren kleinen Tümpeln am Wegesrand und den saftigen Wiesen ist den Abstecher allemal wert.

Bekanntlich findet Wasser immer seinen Weg. Selbst wenn er über eine scheinbar unüberwindbare Festung aus Fels führt, die am Ufer der Jökulsá á Fjöllum wie ein Wächter patrouilliert.

Nebliger Wasserschleier ist an den Fällen der Jökulsá á Fjöllum aufgrund der gewaltigen Wassermassen, die sich tagein tagaus in die Schlucht stürzen, immer anzutreffen.

HORNAFJÖRÐUR UND HÖFN

Tief eingegraben und fast vom Meer getrennt ist der Hornafjörður, ein Fjord im Südosten Islands, der von der Ringstraße großzügig umrundet wird. Größte Siedlung hier ist Höfn. Vor etwas mehr als 100 Jahren beschloss der Kaufmann Ottó Tulinius, den Ort Papós aufzugeben und weiter westlich in Höfn neu anzufangen. Also ließ er sein Haus zerlegen und in Höfn wieder aufbauen. Heute dient sein Haus Gamlabúd am Ortseingang als Heimatmuseum. Der Grund des Umzuges war der bessere Hafen, was auch im vollständigen Namen Höfn í Hornafirði (»Hafen im Hornfjord«) deutlich wird. Die bedeutendste Sehenswürdigkeit ist das Gletschermuseum, das multimedial und umfassend über den Vatnajökull informiert. Bei gutem Wetter lohnt sich ein Spaziergang durch den Hafen, von hier reicht der Blick bis zur nahen Gletscherzunge Fláajökull und dem Leuchtturm, der die Hafeneinfahrt bewacht.

Auf einen Blick

Lage: am Fuße des Vatnajökull, zwischen dem Hornafjörður und dem Skarðsfjörður, im Südosten von Island

Die intensiven Farben der Landschaft – das kräftige Orange der Flechten am Fuße des Berges, der sattgrüne Bewuchs am Ufer und der türkis leuchtende Fluss – könnten glatt einer Fantasiewelt ensprungen sein.

Die Gegend um Höfn ist – wie so viele Teile Islands – geprägt von scharfen Bergspitzen und endlosen Gletschern, die in schlammfarbene Seen kalben.

VESTRAHORN UND EYSTRAHORN

Das Eystrahorn während des Sonnenaufgangs, umrankt von einem Meer aus blühender Sommerwiese (große Bild). Im Licht der aufgehenden Sonne erleuchtet das Vestrahorn in rötlichen Farben (rechts).

Ihre Namen schulden sie ihrer Form, dem gezackten, an Hörner erinnernden Kamm. »Vestra« steht für Westen, »Eystra« bedeutet Ost. Ein eindrucksvolles Bergmassiv, das als eines der wenigen in Island aus Gabbro besteht. Gabbro, ein Gestein vulkanischen Ursprungs mit bläulich-schwarzer Färbung, ist eine Variante des Basalt, die tiefer im Erdmantel entsteht und durch Landerhebungen infolge abschmelzender Eismassen an die Oberfläche der

Erdkruste tritt. Zusammen mit dem erloschenen Vulkan Krossanesfjall und der markanten Felsnase Brunnhorn säumen Vestra- und Eystrahorn die Landzunge, die als einer der ersten Orte in Island besiedelt wurde. Hier ließ sich der Norweger Hrollaugur aus Møre nieder. Wanderwege unterschiedlicher Länge und Schwierigkeitsgrade führen über die Kirkjusandur, am Fuß der Bergkette entlang und hinauf zum Hafnartangi, einem alten Anlegeplatz, an dem noch heute das hölzerne Wrack eines alten Bootes malerisch auf den Felsen liegt. Anspruchvolle Wanderer finden einen Pfad, der über die Berge führt.

Auf einen Blick

Lage: südöstlich der Stadt Höfn, im Südosten von Island

OSTFJORDE

Besonders Gletscher sind für die Landschaft der Ostfjorde verantwortlich: Sie haben nicht nur das Gestein an Land zu schroffen Bergen geschliffen, sondern auch die für die Gegend typischen malerischen Fjorde geformt.

Die Ostfjorde sind eine Ansammlung von Meeresarmen, die sich im Osten Islands von Seydisfjörður bis Djúpivogur erstrecken. Die östlichste Stelle bildet der Berg Gerpir, der zugleich der östlichste Punkt des ganzen Landes ist. Fjorde, besonders wenn sie lang und schmal ins Land hineinreichen, bieten eine ideale Position für natürliche Häfen. Deshalb haben sich rund um die Gegend der Ostfjorde einige Fischerdörfer angesiedelt. Im sonst so unberührten, wilden Island sind diese mit ihrer wertvollen Kunstkultur und ihren hippen Cafés eine erfrischende Abwechslung. Fast so bekannt wie die charmanten Orte ist der berühmteste Einwohner der Ostfjorde: Lagarfljótsormurinn. Die mysteriöse Wassergestalt gilt als »Nessie« von Island. Der Sage nach ist er ein auf beängstigende Größe herangewachser Wurm, der im Lagarfljót-Fluss leben soll.

Auf einen Blick

Lage: erstreckt sich von Seydisfjörður bis Djúpivogur, im Osten von Island

Reyðarfjörður

30 Kilometer reicht der Reyðarfjörður ins Land hinein. Am Ende eines der längsten Fjorde Islands liegt die gleichnamige Stadt. Sie war schon immer von Handel geprägt, einst wichtiger Umschlagplatz der Bauern, heute sorgt sie mit ihrem Aluminiumwerk für viele Arbeitsplätze. Das Werk ist nicht unumstritten, denn dafür wurde auch das Kárahnjúkar-Stromkraftwerk errichtet. Es hat zwar viele Arbeitsplätze geschaffen, aber mit dem Stausee auch den empfindlichen Lebensraum der Rentiere durchschnitten und große Teile der Landschaft verändert.

Eskifjörður

Als 1870 der Heringsfang in Schwung kam, zogen immer mehr Leute in das malerische Eskifjörður, und es wuchs schließlich zu einem für die Ostfjorde typischen Fischerdorf heran, das es auch heute noch ist. Es liegt am gleichnamigen Nebenarm des Reyðarfjörður. Das Dorf wird von zwei großen Bergen überragt – der Eskja und dem Holmatindur. Letzterer erfüllt die Einheimischen mit seinen 985 Meter Höhe mit Stolz und Freude, und das, obwohl er ihnen aufgrund seiner imposanten Höhe von Ende September bis April jegliches Sonnenlicht verwehrt.

Berufjörður

Der Breiðdalsvulkan hat die Landschaft rund um den Berufjörður nachhaltig gestaltet. In der Eiszeit schliffen Gletscher die vom Vulkan geformte Gegend und es entstand die heute charakteristische Gestalt des Fjordes mit seinem zerklüfteten Bergpanorama. Auch der 1069 Meter hohe Búlandstindur, »der Gipfel der Bauernhof-Region«, ist ein Werk des Vulkans – erkennbar an seinen Basaltschichten. Trotz der Rauheit des Fjordes findet man hier romantische Orte, wie am Leuchtturm Karlsstaðatangi, der stolz vor den großen Berggipfeln thront.

GOÐAFOSS

Ziemlich genau in der Mitte zwischen Akureyri und dem Mývatn liegt in Sichtweite der Ringstraße einer der bekanntesten Wasserfälle Islands, der Goðafoss. Wer hier die Sprengisandur-Piste, eine der schwierigsten Hochlanddurchquerungen, in Angriff nimmt, kommt direkt am Wasserfall vorbei. Seinen Namen soll der Götterwasserfall im Jahr 1000 erhalten haben, als in Island friedlich das Christentum als Staatsreligion eingeführt wurde. Angeblich hatte der Gode Þorgeir auf der Alþingiversammlung als Gesetzessprecher für das Christentum gestimmt und danach seine Götterbilder in diesen Wasserfall geworfen. In der Domkirche von Akureyri erinnert ein Fensterbild an den Goden und seine Götterbilder.

Beeindruckend wirkt er aus der Ferne, doch ein Fußweg macht den Goðafoss auch von oben bequem zugänglich.

Auf einen Blick

Lage: Gemeinde Þingeyjarsveit, im Nordosten Islands
Höhe: 12 m
Breite: 158 m

Obwohl der Goðafoss nur eine Fallhöhe von zwölf Metern besitzt, beeindruckt er doch ungemein, da seine Wassermassen über eine Breite von etwa 158 Metern in eine Schlucht stürzen.

WESTFJORDE

Den Nordwesten Islands markiert die vielfingrige Hand der Westfjorde. Es ist der älteste Teil der Insel, vulkanische Aktivitäten sind deshalb nicht mehr vorhanden, nur vereinzelt gibt es noch warme Quellen. Die Küste wird von imposanten Fjorden gebildet, die teilweise weit ins Land einschneiden und durch Gletscher der letzten Eiszeit geformt wurden. Im Fjordinneren erheben sich steile und schroffe Berge aus dunklem Basalt. Nur durch ein schmales Landstück mit der Hauptinsel verbunden, bilden die Westfjorde eine ganz eigene Welt. Und nicht zuletzt macht sie auch ihre vor allem im Winter abgeschiedene Lage einzigartig in Island. Im gesamten Gebiet leben heute wegen der Abgeschiedenheit und des rauen Klimas nur etwa 7000 Menschen, die Hälfte davon in der Nähe des größten Ortes Ísafjörður, des Handels-, Verwaltungs- und Dienstleistungszentrums der Westfjorde.

Auf einen Blick

Lage: im Nordwesten Islands
Größe: 9409 km^2
www.westfjords.is

Wer in Ruhe die Natur genießen will, setzt sich an den Westfjorden ab. Durch ihre isolierte Lage und die schlechte Anbindung an das Festland leben dort nur etwa drei Prozent der isländischen Gesamtbevölkerung.

HORNSTRANDIR

Hornstrandir ist die nördlichste Halbinsel der Westfjorde. Vom Mittelalter bis zum Beginn des 20. Jahrhunderts war die Region für isländische Verhältnisse relativ dicht besiedelt, die Menschen lebten abgeschieden, aber gut von den reichen Fischgründen im Nordatlantik. Heute ist die Region verlassen, die Seevögel haben die Klippen wieder für sich allein und der Polarfuchs kann hier ungestört durchs Landesinnere streifen. Die Höfe sind zwar verlassen, doch das Land ist immer noch in Privatbesitz, manche Häuser werden sogar instand gehalten und im Sommer für einen Ausflug in die Wildnis genutzt. Mittlerweile erfreut sich die Hornstrandir-Halbinsel bei Aktivurlaubern großer Beliebtheit. An der West- und Ostküste führt jeweils eine Straße ein Stück in Richtung Norden, mehr Infrastruktur gibt es nicht. Spätestens ab dort ist man allein in einer großartigen Wildnis, wie sie sonst in Europa nicht mehr existiert.

Auf einen Blick

Lage: wird im Westen von Rit und im Osten von Geirólfsgnúp abgegrenzt; nördlichster Punkt von Island

Eine abrupte Kante trennt die satten Wiesen von Hornstrandir vom weiten Meer. Im vor mehr als 30 Jahren errichteten Naturreservat wissen viele die Abgeschiedenheit zu schätzen.

Für Papageitaucher und Austernfischer ist die Halbinsel Hornstrandir ein abgeschiedenes Brutparadies.

LÁTRABJARG

Im äußersten Westen Islands liegt die Landzunge Látrabjarg, die mit ihren steilen Klippen ein Paradies für Seevögel bildet.

Die Látrabjarg-Halbinsel bildet den westlichsten Punkt Europas. Auf dem Weg zum Vogelfelsen Látrabjarg passiert man die sanft geschwungenen Buchten Breiðavík und Látravík mit einsamen Sandstränden und türkisfarbenem Meer vor einer gewaltigen Bergkulisse. Irgendwann endet die Straße, und ein kleiner Pfad führt auf die Klippe, die an ihrer höchsten Stelle imposante 400 Meter erreicht. Senkrecht brechen die Felsen auf mehreren Kilometer Länge ab. Bei gutem Wetter ist sogar der mehr als 80 Kilometer entfernte Snæfellsjökull zu sehen. Der größte Vogelfelsen im Nordatlantik beherbergt auf seinen Felsvorsprüngen Abertausende Seevögel, die während der Brutzeit einen ohrenbetäubenden Lärm produzieren. Beobachten kann man Krähenscharben, Dreizehenmöwen, Alken, Lummen, Eissturmvögel und Papageitaucher, die ihre Bruthöhlen an der oberen Abbruchkante graben.

Auf einen Blick

Lage: im äußersten Westen der Westfjorde
Höhe: 450 m

Die einzigartigen Dynjandi-Fälle liegen eingebettet in eine wunderschöne, fast verwunschen wirkende Landschaft.

DYNJANDI

Schon die Fahrt zu den Dynjandi-Wasserfällen ist ein Genuss. Wer von Süden kommt, fährt von Bíldudalur anfangs auf kurviger Straße am Fjord entlang. Bald entfernt sich die Straße vom Meer und führt auf die Dyjandisheiði, eine wasserreiche, aber karge Hochebene. Vor allem der Blick in Richtung Westen fasziniert, denn dort liegt der von steilen Felswänden umgebene Arnarfjörður. Von der Hochebene schlängelt sich die Straße wieder hinunter zu den Wasserfällen. Insgesamt bildet der Fluss Dynjandisá sechs Kaskaden mit einer Gesamtfallhöhe von fast 200 Metern. Besonders beeindruckend ist der erste, der 100 Meter hohe Fjallfoss. An der oberen Kante misst er 30 Meter, fächert sich nach unten aber auf die doppelte Breite auf. Es folgen fünf kleinere Wasserfälle: Hundafoss, Strokkur, Göngumannafoss – hinter dem man durchlaufen kann – Hrísvaðsfoss und Sjóarfoss.

Auf einen Blick

Lage: in den Westfjorden, Gemeinde Vesturbyggð
Höhe: 100 m

SNÆFELLSJÖKULL
Nationalpark

Seit 2001 ist das Gebiet um den Snæfellsjökull als Nationalpark geschützt. Der 1446 Meter messende Snæfellsjökull ist ein vergletscherter Stratovulkan mit einem rund 200 Meter tiefen Krater am Gipfel. Dieser ist von einem Gletscher bedeckt, der in den letzten Jahrzehnten allerdings rund die Hälfte seiner Größe verloren hat. Wahrscheinlich war der Vulkan nur drei Mal aktiv, letztmals vor knapp 1800 Jahren. Trotz der langen Ruhephasen gilt der Snæfellsjökull bis heute nicht als erloschen. Rund um den Berg gibt es außergewöhnliche Lavaformationen und wilde Küstenabschnitte, die man auf einer Wanderung von Hellnar nach Arnarstapi erleben kann. Lohnend sind Abstecher zum südlichsten Punkt der Halbinsel, zum Leuchtturm von Malarrif, zu den Felszinnen Lóndrangar, auf denen viele Seevögel brüten, und zum Strand Djúpalónssandur, der von einem Lavastrom umgeben ist.

Im Zentrum des Nationalparks ragt der – diesem seinen Namen gebende – Vulkan Snæfellsjökull über einem Feuchtgebiet auf. Auf der Halbinsel ist sein Gipfel fast von überall aus zu sehen und dient deshalb als Orientierungspunkt.

An der Küste des Nationalparks locken die bizarren Klippen und Felszinnen von Lóndrangar. Nicht weit davon befindet sich der Strand von Ytri Tunga, der bekannt für seine Seehundkolonien ist.

Auf einen Blick

Lage: Halbinsel Snæfellsnes, im Westen Islands
Größe: 170 km^2
Gründung: 2001
www.ust.is/snaefellsjokull-nationalpark

FÄRÖER

Das zerklüftete Land mit seinen malerischen Fjorden und den Unmengen an kleinen und großen Inseln begeistert mit dramatischer Natur, die schöner nicht sein könnte: Die Färöerinseln sind ein noch weitgehend vom Tourismus verschontes Paradies im Nordatlantik.

FÄRÖER

Die Färöerinseln liegen zwischen Island (Nordwesten), Norwegen (Osten) und den Britischen Inseln (Süden). Ähnlich wie Island ist die Inselgruppe durch vulkanische Tätigkeit unter dem Atlantik entstanden – allerdings schon vor 60 Millionen Jahren. Durch das Abschleifen des von Lava geformten Plateaus während der Eiszeit entstanden die heute charakteristischen Fjorde, Meerengen, Trogtäler und natürlich die unzähligen Holme, Schären und Inseln. Der besondere Charme der zerklüfteten Landschaft der Färöer liegt darin, dass hier kein Ort weiter als fünf Kilometer vom Meer entfernt liegt – die meisten deutlich näher. Die 18 Inseln gehören zwar zur dänischen Krone, sind aber autonom – und darauf sind die rund 50 000 Bewohner sehr stolz: Sie sehen sich nicht als Dänen an, sondern als eigenständiges, von den Wikingern abstammendes Volk, und sie sprechen sogar eine eigene Sprache.

Typisch für die Färöer ist das wechselhafte Wetter: An einem Tag kann strahlender Sonnenschein von dichtem Nebel und Regen abgelöst werden, und selbst an verschiedenen Orten der Inselgruppe kann das Wetter zur gleichen Zeit völlig anders sein. Für die Vegetation ist das Klima von Vorteil. Das satte Grün der Wiesen, ausgestaltet mit bunten Farbtupfern unzähliger dort heimischer Blütenpflanzen, sorgt für malerische Landschaften.

Ein einzigartiges Stückchen Erde: Der Golfstrom beschert den Färöerinseln ein vergleichsweise mildes Klima, die Luft ist meist klar. Schnell wechselndes Wetter ist allerdings nicht ungewöhnlich.

Der Papageitaucher mit seinem leuchtend orangefarbenen Schnabel profitiert von der isolierten Lage der Inseln: Hier leben weder Reptilien noch größere Säugetiere, die ihm gefährlich werden könnten.

EYSTUROY UND KALSOY

Im Osten der färöischen Hauptinsel Streymoy liegt die zweitgrößte Insel des Archipels: Eysturoy. Sie beherbergt den 882 Meter hohen Slættaratindur, welcher der höchste Berg der Färöer ist. Von seinem Gipfel aus ergibt sich ein atemberaubendes Rundumpanorama über die gesamte Inselgruppe – von Viðoy im Norden bis hin zu Suðuroy im Süden. Eysturoy beheimatet außerdem eines der beliebtesten Fotomotive der Färöer: Der Ort Gjógv, der eingebettet inmitten von spitzen, pyramidenförmigen Bergen liegt, wird über eine 200 Meter lange Felsspalte mit dem Meer verbunden. Der natürliche Hafen, der wohl schon zur Zeit der Wikinger Verwendung gefunden hat, zieht jedes Jahr Horden von Fotografen in das kleine Dorf, in dem weniger als 50 Einwohner leben.

Gjógv bedeutet »Felsspalte« und gibt dem Ort auf Eysturoy, der aufgrund eines Felsspalts mit einem natürlichen Hafen ausgestattet ist, seinen Namen.

Kalsoy, die »Männerinsel«, ist eine der sechs Nordinseln der Färöer und gilt aufgrund ihrer Randlage und spärlichen Besiedlung als Außeninsel. Der Kalsoyarfjørður trennt die Insel von ihrem nördlichen Pendant, der »Fraueninsel« Kunoy: Wahrscheinlich ist diese Geschlechtertrennung auf eine Zeit zurückzuführen, als die Fischer häufig auf hoher See ihr Schicksal ereilte und der Frauenanteil dadurch stark anstieg. Kalsoy ist vor allem bekannt für den Leuchtturm von Kallur; er sitzt auf den wild zerklüfteten Felsen, die dramatisch in den Atlantik eintauchen. Da der Wanderweg, der zum Leuchtturm führt, nur mit einer Fähre von Klaksvik aus erreicht werden kann, ist die Zahl von Touristen begrenzt – die ungezähmte Natur kann also ungetrübt von Menschenmassen erlebt werden.

Idyllisch und ruhig steht der Leuchtturm von Kallur inmitten steiler Felsklippen auf der »Männerinsel« Kalsoy, die majestätisch aus dem wilden Ozean ragt.

Die Inseln Eysturoy und Kalsoy im Osten der Hauptinsel Stremymoy legen sich ihr schönstes Kleid bei Tagesanbruch und -ende an, wenn ihre schroffe Felslandschaft in sanftes Rot getaucht wird.

STREYMOY UND BORÐOY

Streymoy, die »Strömungsinsel«, das größte und längste Eiland der Färöer, ist die Hauptinsel des Archipels. Der Sundini, eine natürliche Meerenge mit einer Strömungsgeschwindigkeit von bis zu zwölf Knoten, trennt Streymoy von ihrer östlichen Nachbarinsel Eysturoy. Auf einer Fläche von 374 Quadratkilometern leben rund 22 500 Einwohner, die über den Vagartunnel den einzigen Flughafen der Inselgruppe erreichen können. Am Ostufer im Süden von Streymoy liegt die kleine, aber quirlige Hauptstadt der Färöer: Tórshavn ist das politische, wirtschaftliche und geistige Zentrum des Landes und hat neben einem der ältesten bis heute bestehenden Parlamente der Welt eine Vielzahl an Attraktionen aus Kunst und Kultur zu bieten.

Neben der geschäftigen Hauptstadt Tórshavn sind auf Streymoy, der größten und längsten Insel der Färöer, auch überwältigende Naturlandschaften zu finden.

Im malerischen Borðoy reihen sich sanfte Täler an steile Gipfel, wodurch ein vielfältiges Landschaftsbild entsteht. Insgesamt 23 Gipfel überragen die größte der Nordinseln, der Norðanfyri Lokkaskarð ist mit 772 Metern der höchste unter ihnen. An die Ufer der idyllischen Fjorde Borðoys haben sich viele kleine Ortschaften mit charmantem Flair angesiedelt. Der größte Ort davon ist Klaksvíg, dessen natürlicher Hafen von zentraler Bedeutung für die Fischindustrie der Färöer ist. Ausgrabungen belegen, dass das Gebiet rund um Klaksvíg, heute der zweitgrößte Ort des Archipels, schon zu Zeiten der Wikinger besiedelt war. Überreste einer Thingstätte, der »várting«, geben davon Zeugnis.

Die ungezähmte Energie der Natur, die die unglaubliche Schönheit Borðoys geschaffen hat, muss schon die Wikinger beeindruckt haben, als sie hier eine Siedlung errichteten.

Die zahllosen Fjorde, die über Jahrmillionen von Gletschern geformt wurden, sind ein markantes Merkmal der Färöerinseln. Trotz ihres zahlreichen Vorkommens wird man ihres beeindruckenden Anblicks nicht überdrüssig.

VÁGAR

Ihre vielen Buchten gaben der drittgrößten Insel der Färöer, Vágar, zu deutsch: Buchteninsel, und auch ihren drei Siedlungen Sørvágur, Miðvágur und Sandavágur ihren Namen. Direkt neben dem einzigen internationalen Flughafen des Landes befindet sich der Leitisvatn (auch Sørvágsvatn genannt), der größte Binnensee der Färöer. Etwas weiter nördlich erstreckt sich der zweitgrößte See und zugleich eines der wenigen Naturschutzgebiete der Färöer: Fjallavatn. Beliebte Ausflugsziele sind die Wasserfälle Bøsdalafossur, Gásadalur und Reipsáfossur, und wer es schaurig mag, besucht die Klippe Trælanípa, wo einst nicht mehr arbeitsfähige Sklaven hinabgestürzt worden sein sollen. Vágar bildet zusammen mit Tindhómur, einer äußerst kleinen, aber durch ihre markanten Felsformationen ausgesprochen beeindruckenden Insel, und der Vogelinsel Mykines die Region Vagár.

Um nach Gasadalur zu gelangen, muss ein anstrengender Bergweg überwunden werden, da Klippen den Seeweg versperren. Trotz des phänomenalen Ausblicks auf Mykines wurde der Ort deshalb immer kleiner.

Vor der Küste der Insel Vágar erhebt sich die kleine Felsinsel Tindhómur mit ihren unwirklich spitzen Steilklippen aus der See.

VÁGAR

Menschen waren schon immer fasziniert von optischen Täuschungen. Besonders wenn sie sich wie beim Leitisvatn in der freien Natur ereignen. Die Lage des Sees wirkt aus einer bestimmten Perspektive höher, als sie ist.

Leitisvatn

Was aussieht wie ein Fehler der Natur, ist der größte See der Färöer: der Leitisvatn (Sørvágsvatn). Zwei Namen hat er, weil sich die Einheimischen Vagárs nicht einig werden. Die Bewohner des Ostufers wollen, dass der See

namentlich ihnen zugerechnet wird – sie nennen ihn Leitisvatn. Bei den Bewohnern des Westufers ist er unter dem Namen Sørvágsvatn bekannt, was ihn ihrem Territorium zuordnet. Der 3,4 Quadratkilometer große See ist dreimal größer als der Fjallavatn, der zweitgrößte See der Färöer. Durch die unmittelbare Nähe des Leitisvatn zum Atlantik wirkt seine Lage von lediglich 40 Metern über dem Meeresspiegel unglaublich beeindruckend. Von einer bestimmten Perspektive aus spielt die Natur dem Betrachter mithilfe einer optischen Täuschung einen Streich: Die 40 Meter Höhe wirken plötzlich wie mehrere Hundert Meter – ein Phänomen, das es so nur einmal auf der Welt gibt. Wäre der See nicht durch ein Kliff vom Meer getrennt, würde sich sein ganzer Inhalt auf einmal in den Nordatlantik ergießen. Mit dem Wasserfall Bøsdalafossur stürzt nur ein kleiner Teil des Süßwassersees stetig in das Meer.

Der ungewöhnliche Anblick des Naturphänomens Leitisvatn lässt erahnen, warum ihn der Sage nach eine Wassernixe bewohnen soll.

MYKINES

Die als Vogelparadies bekannte Insel dient Abertausenden Vögeln als Brut- und Nistplatz. Große Raubmöwen (unten links) und Papageitaucher (unten rechts) sind hier immer anzutreffen.

Wie Kalsoy hat auch das Vogelparadies Mykines den Status einer Außeninsel. Auf der 10,3 Quadratkilometer kleinen Insel gibt es nur einen Ort, Mykines bygd, den eine Handvoll Menschen bewohnt. Daneben leben hier etwa 1200 Schafe. Der Legende nach soll Mykines einst ein riesiger Wal gewesen sein, den ein Fischer mutig aus seinem Revier vertreiben sollte. Er bewarf ihn mit Mist, was der Insel den Namen »Mistnase« einbrachte.

An der Westküste von Suðuroy liegt das kleine Fischerdorf Fámjin, das von hohen Bergen umgeben ist. Die Eigenheit der Einwohner – erkennbar an ihrer Direktheit und ihrem Humor – macht sie zu typischen Suðuroyern.

SUÐUROY

Seefahrer und Fischer leben seit Urzeiten hier auf der südlichsten und abgelegensten Insel der Färöer, auf Suðuroy. Ihre Bewohner empfinden einen ganz eigenen Stolz auf ihre Herkunft, der sich im speziellen Dialekt der Insel widerspiegelt. Die idyllischen Fischerdörfer Sandvík und Hvalba sind Zeugnisse längst vergangener Zeiten. Wer sie besucht, kann auf Lítla Dímun hinüberblicken, die kleinste Insel des Archipels. Sie ist von Menschen unbewohnt. Den Sommer über werden Schafe mit dem Boot dorthin gebracht.

Links: Grindwale erleiden in den Gewässern vor den Färöerinseln nicht selten ein trauriges Schicksal. Seit Jahrhunderten findet einmal jährlich die Grindwaljagd statt: Früher sicherte sie das Überleben der Färinger, heute dient das grausame Spiel lediglich als Spektakel.

NORWEGEN

Norwegen nimmt den westlichen Teil der Skandinavischen Halbinsel ein und liegt zu einem Drittel nördlich des Polarkreises. Diesen hat man schon weit hinter sich gelassen, wenn man hier auf der Insel Senja steht und in den farbenprächtigen Sonnenuntergang blickt. Die durch zahlreiche Fjorde stark gegliederte Küste erstreckt sich vom Skagerrak über die Nordsee bis zum Nordmeer. Der Golfstrom sorgt dafür, dass die gesamte Küste eisfrei bleibt. Im Norden dominieren Moore und kleine Seen die Hochebene Finnmarksvidda, während den Süden Gebirgsketten durchziehen.

SKANDINAVISCHE HALBINSEL

Was für so viele Regionen der Erde gilt, gilt auch für die Skandinavische Halbinsel: Die Eiszeit ist schuld am heutigen Aussehen. Denn noch während der Eiszeit konnte man (mit etwas Ausdauer) trockenen Fußes vom heutigen Dänemark auf direktem Weg nach Norwegen laufen. Dann entstanden jedoch die tiefen Wasser von Nord- und Ostsee: die Geburtsstunde der Skandinavischen Halbinsel. Nicht zu verwechseln ist der Begriff mit »Skandinavien«. Die Skandinavische Halbinsel umfasst ausschließlich Norwegen, Schweden und den nördlichsten Teil des finnischen Lapplands. »Skandinavien« hingegen bezieht sich auf die Kultur, und dabei zählen Dänemark und manchmal – je nach Definition – Island und die Färöer dazu. Geografisch betrachtet ist das Ganze etwas einfacher, denn die Skandinavische Halbinsel wird klar abgegrenzt durch die Gewässer im Norden, Westen, Süden und Südosten. Die Grenze zur Halbinsel Kola und zum Rest Finnlands wird hingegen willkürlich festgelegt. Landschaftlich ist die Halbinsel geprägt von rauen Bergen, großen Seen, schier unendlichen Waldflächen und zerklüfteten Küsten, vor denen sich die Inseln und Inselchen reihen. Ursprüngliche Natur steht im Kontrast zu modernen Städten und der industriellen Nutzung der Rohstoffe.

Das Wasser scheint auf der Skandinavischen Halbinsel allgegenwärtig, in den norwegischen Bergen rauscht es oft weit und schnell in die Tiefe.

Im schwedischen Nachbarland zeigt sich das Wasser meist eher ruhig, in idyllischen Seen gesammelt, wie hier bei Bengtsfors.

In Norwegen sollte man nicht permanenten blauen Himmel mit Sonnenschein erwarten. Und das ist gut so, denn oft sorgt das Wetter dafür für viel dramatischere Ansichten, wie hier bei Kokelv.

Die Finnmark ist Norwegens größte, nördlichste und zugleich am dünnsten besiedelte Region. Sie liegt ebenso weit im Norden wie Sibirien, Grönland und Alaska; ihre Küste grenzt im Westen an das Europäische Nordmeer und im Osten an die Barentssee, beides Randmeere des Atlantischen Ozeans und des Nordpolarmeers. Aber aufgrund eines Zweiges des Nordatlantikstroms (Golfstroms), des Norwegischen Stroms, der dicht an der Küste

entlangströmt, sind die Winter dieser hohen Breiten verhältnismäßig mild, auch die Küstengewässer frieren nicht zu. Trotz reichlichen Schneefalls werden weite Bereiche der Küstenregion durch umgebende Gebirgszüge gut gegen die widrigen Winde und die arktische Kälte abgeschirmt, sodass in geschützten Lagen die Temperaturen nicht allzu tief sinken.

Farben wie Grün und Orange am Himmel sind schließlich auch außergewöhnlicher als immerwährendes Azurblau. Auf Sommarøy sind Polarlichter im Winter keine Seltenheit (oben).

VARANGERFJORD

Der Varangerfjord ist der 95 Kilometer lange Westausläufer der Barentssee zwischen den Hurtigruten-Häfen Vardø und Vadsø auf der Halbinsel Varanger und dem Hurtigruten-Wendehafen Kirkenes in Dreiländereck zwischen Norwegen, Finnland und Russland. An der Mündung in die Barentssee ist der Varangerfjord 55 Kilometer breit. Die Inselstadt Vardø vor der Varanger-Halbinsel ist Norwegens östlichste Stadt und neben Hammerfest die älteste Stadt (1798) in der Finnmark. Mit dem Festland ist sie durch den 2892 Meter langen Vardøtunnel verbunden, der in einer Tiefe von bis zu 88 Metern unter dem Meer verläuft. Bis zur Oktoberrevolution (1917) war Vardø eine Drehscheibe im Handel mit den russischen Küstenorten. Heute ist der Fischereiort der Endpunkt der Europastraße 75, deren Abschnitt längs des Varangerfjords zu den Traumstraßen des Nordens zählt.

Auf einen Blick

Lage: im nordöstlichsten Teil Norwegens, mündet in die Barentssee
Länge: 90 km

Laut wird es, wenn ein ganzer Schwarm Scheckenten sich in die Lüfte erhebt, denn das Wasser spritzt peitschend auf und die Flügel rauschen. Der Varangerfjord ist einer ihrer liebsten Plätze zum Überwintern.

Es ist Juni, doch die Luft wirkt noch kühl über dem Varangerfjord. Auch die Vegetation wird von arktischen Gewächsen dominiert.

FINNMARKSVIDDA

Bäche, Seen, flache Landschaft, aber auch Rentierherden und Mückenschwärme – das ist die Finnmarksvidda, Norwegens größtes Hochplateau. Bis über die Grenze zu Finnland reicht es, und der südöstliche Teil ist seit 1976 als Nationalpark geschützt. Für viele ist es das Land der Samen, deren Hütten hier bis heute Bestand haben. Doch wenn man die Finnmarksvidda durchquert, wirkt es wie Niemandsland, als hätte nie ein Mensch seinen Fuß darauf gesetzt. Im Winter, wenn der Schnee meterhoch liegt und die Seen allesamt zugefroren sind, ist ein Vorwärtskommen meist nur noch mit Hundeschlitten oder auf Skiern möglich. Der Rest des Jahres zeigt sich rau und bunt zugleich. Typisch Tundra, könnte man sagen, denn niedrige Vegetation hat hier das Sagen. Gräser und Moos bedecken den Boden, und selbst die Bäume – vorwiegend Birken oder Kiefern – sind meist von niedrigem Wuchs.

Auf einen Blick

Lage: Hochplateau zwischen Alta und der Halbinsel Varanger; im Süden geht es nahtlos nach Finnland über
Größe: 22 000 km^2

Wer braucht einen Indian Summer, wenn man einen skandinavischen Herbst bekommen kann? Bäume und Boden sind mindestens genauso bunt und leuchten umso farbiger im Kontrast zu den schwarz-weißen Rentieren.

Keiner weiß, wie lange dieses hölzerne Ruderboot schon auf seine nächste Fahrt wartet und wie lange es noch dauern wird. Doch wenn der Tag gekommen ist, darf es sich über unfassbar klares Wasser freuen, durch das es sich seinen Weg an der Natur vorbei sucht.

HORNØYA OG REINØYA

Naturreservat

Ruhe sucht man auf den beiden Inseln oft vergeblich, denn unzählige Seevogelarten haben das Naturreservat zu ihrem Revier erkoren und tummeln sich in großen Kolonien – besonders zur Brutzeit – auf Hornøya und Reinøya. Dreizehen-, Silber- und Mantelmöwe sind dabei ebenso vertreten wie Papageitaucher, Kormoran und die hocharktische Dickschnabellumme. Letztere wird oft als der Vogel mit der geringsten Höhenangst bezeichnet – zu Recht,

denn eine Klippenwand kann, wie es scheint, gar nicht steil genug für ihre Nester sein. Doch nicht nur gefiederte Spezies fühlen sich auf den Inseln und im umliegenden Wasser zu Hause. Auch Kegelrobben, Weißschnauzendelfine und Buckelwale sind hier zumindest einen Teil des Jahres heimisch. Hornøya ist Norwegens östlichste Insel und liegt am 31. Längengrad – somit sogar östlicher als Istanbul und Sankt Petersburg.

Oben: Die possierlichen Papageitaucher gehören auch zu den Sommergästen auf Hornøya.

Auf einen Blick

Lage: nordöstlich von Vardø in der Barentssee gelegene Inseln
Größe: 1,97 km^2
Gründung: 1983

Dreizehenmöwen bleiben fast das gesamte Jahr auf dem offenen Meer. Nur zum Brüten kehren sie zu den Küsten zurück. Die Klippen Hornøyas scheinen dank der vielen Spalten und Vorsprünge perfekt für ihre Nester.

SEILAND
Nationalpark

Während die bergigen Regionen des Parks besonders von Raubvögeln bevölkert werden, sind die Küstenregionen fest in der Hand von Möwen und Seeschwalbenkolonien, grauen Hasengänsen, Eiderenten und Gryllteisten.

Der 316 Quadratkilometer große Seiland-Nationalpark umfasst neben einer alpinen Küstenlandschaft auch zahlreiche Fjorde und ein Mittelgebirge. Die beiden Gletscher Seilandsjøkelen und Nordmannsjøkelen sind die nördlichsten Gletscher Norwegens und mit 940 Metern beziehungsweise 1014 Metern zugleich auch die niedrigsten in ganz Skandinavien. Der höchste Berg im Park ist die 1079 Meter hohe Seilandstuva. Im Süden der Insel liegen die beiden größten Fjorde, Store Kufjord und Jøfjord. Da der Boden dort besonders fruchtbar ist, findet man eine abwechslungsreiche Vegetation mit einigen sehr seltenen alpinen Pflanzen wie dem Arktischen Mohn oder dem Kleinen Sandkraut vor. Die teils steilen Berge bieten zahlreichen Raubvögeln ideale Lebensbedingungen. Die verbreitetsten Arten sind See- und Steinadler, Turm-, Ger- und Zwergfalken sowie Raufußbussarde.

Auf einen Blick

Lage: auf der Insel Seiland in den Gemeinden Alta, Hammerfest und Kvalsund in der westlichen Finnmark
Größe: 316 km^2
Gründung: 2006
www.norgesnasjonalparker.no

In den Feuchtgebieten entlang des Flusses wachsen Weiden und Seggen, umrahmt von bis zu 500 Jahre alten Kiefern. Hier findet man eine reiche Vogelwelt und wichtige Brutstätten insbesondere für Enten und Singschwäne.

STABBURSDALEN
Nationalpark

Der 747 Quadratkilometer große Nationalpark liegt südlich des Nordkaps am Ostufer des Porsangerfjords. Ausgangspunkt für Touren durch die herrliche Naturlandschaft ist »Stabbursnes Naturhus og Museum«. Das Stabburstal und die Gáissene-Gebirgskette mit dem 1139 Meter hohen Cohkarášša dominieren die Landschaft des Parks. Dazu prägen mit Zwergsträuchern und Flechten bedeckte Hochflächen, trichterförmige Wildbachtäler, Schotterflächen und der nördlichste Kiefernwald der Welt das Terrain. Für viele Tierarten liegt im Stabburstal die nördlichste Grenze ihrer Verbreitung. Neben Elchen, Rentieren und dem scheuen Vielfraß sind besonders die großen Vorkommen des Fischadlers in dieser Region bemerkenswert. Nicht nur er profitiert vom immensen Reichtum an Lachsen und Hechten im 60 Kilometer langen Stabburselva – der Fluss ist auch ein Eldorado für Angler.

Auf einen Blick

Lage: am südöstlichen Ende der Porsanger-Halbinsel auf dem Gebiet der Kommunen Porsanger und Kvalsund in der Provinz Finnmark
Größe: 747 km^2
Gründung: 1970
www.norgesnasjonalparker.no

ØVRE ANÁRJOHKA Nationalpark
REISA Nationalpark

Der 1409 Quadratkilometer große, 1975 gegründete Nationalpark liegt östlich von Tromsø und grenzt im Süden und Westen an den finnischen Lemmenjoki-Nationalpark. Aufgrund seiner Abgeschiedenheit ist er kaum für den Tourismus erschlossen. Outdoorspezialisten erleben eine beeindruckende Naturlandschaft mit zahlreichen Bächen und über 700 Seen, die teilweise von Sandstränden gesäumt sind. Der Park liegt am Oberlauf des Flusses Anárjohka südöstlich der Hochebene Finnmarksvidda. Beeindruckende Landschaftselemente auf der weit gespannten, nur von flachen Bergkuppen überragten Hochfläche sind die niedrigen Birken- und Kiefern-Krattwälder. Große Moore und Sümpfe, seltene sibirische Pflanzenarten und die nordische Tierwelt mit Elchen, Braunbären, Rentieren, Füchsen, Wieseln, Roten Nerzen und dem Vielfraß bieten weitere unvergessliche Erlebnisse.

Vielfraße streifen gelegentlich durch die Wälder des Nationalparks. Dazu findet man Vorkommen der seltenen Polarrötelmaus.

Auf einen Blick

Lage: in den Gemeinden Karasjok und Kautokeino in der Finnmark; im Süden und Westen grenzt er an den finnischen Lemmenjoki-Nationalpark.
Größe: 1409 km²
Gründung: 1975
www.norgesnasjonalparker.no

Der 806 Quadratkilometer große Reisa-Nationalpark liegt im Hochland des südöstlichen Teils der Provinz Troms. Bereits seit dem 19. Jahrhundert ist Nordreisa für seine große und üppige Flora und Fauna bekannt, die zu den artenreichsten in ganz Norwegen zählt. Der Park ist touristisch gut erschlossen, unter anderem führt der insgesamt 800 Kilometer lange Nordkalottleden-Wanderweg durch den Park. Entlang des Reisdalen schmücken Wasserfälle wie der Mollisfossen oder der Imofossen die Talseiten. Im Norden dominieren Heide- und Moorlandschaften. Steile Klippen, fast undurchdringliche Wälder und das Plateau bieten Raubvögeln einen guten Lebensraum mit viel Beute. Der Raubussard ist der am häufigsten gesichtete Raubvogel in der Gegend, aber Wanderer können auch Steinadler sowie Turm- und Gerfalken beobachten. Vielfraße und Luchse durchstreifen die umliegenden Berge.

Üppige Vegetation entlang des Reisdalen. Am Fluss Reisaelva gibt es große Vorkommen von Lachsen, Meerforellen und Saiblingen.

Auf einen Blick

Lage: in der Gemeinde Nordreisa nördlich des Polarkreises in der Provinz Troms
Größe: 806 km²
Gründung: 1986
www.reisanasjonalpark.no

Der Øvre-Anárjohka-Nationalpark weist eine große Artenvielfalt auf. Hier findet man den seltenen Polarfuchs sowie die majestätische Sperbereule und verschiedene Prachttaucher (kleine Bilder im Uhrzeigersinn).

ØVRE-DIVIDAL
Nationalpark

In Norwegen einen Wolf (oberes Bild) zu Gesicht zu bekommen, ist ein seltenes Erlebnis. Aufgrund des immer knapper werdenden Lebensraums und der gezielten Jagd sind die Wölfe vom Aussterben bedroht.

Der 770 Quadratkilometer große Park liegt im Landesinneren von Troms, an der Grenze zu Schweden. Mit großen Pinien- und Birkenwäldern, hohen Bergen, Seen und Mooren bietet der Park mannigfaltige Geländeformen für eine Vielzahl von Tier- und Pflanzenarten. Dazu gehört eine artenreiche alpine Vegetation, mit etwa der weißen Arktischen Glockenheide, die nur im nördlichen Norwegen vorkommt, oder

der farbenfrohen Lappland-Alpenrose. Entlang des Talbodens auf beiden Seiten des Flusses Divielva findet man seltene Flechten, Moose, Pilze und Käfer. Mehrere große Raubtierarten wie der Luchs, der Braunbär und der Wolf leben hier, aber vor allem ist es das Reich des Vielfraßes. Der Park weist die höchste Populationsdichte des Vielfraßes in ganz Norwegen auf.

Auf einen Blick

Lage: zur Gemeinde Målselv in der Provinz Troms gehörend; er grenzt an das Dividalen-Naturschutzgebiet und im Osten an die schwedische Grenze
Größe: 770 km^2
Gründung: 1971
www.norgesnasjonalparker.no

In Norwegen und Schweden gibt es derzeit noch rund 2000 Luchse (unteres Bild). Das ist eine erstaunliche Zahl angesichts der Tatsache, dass diese wild lebenden Katzentiere vor etwa 100 Jahren nahezu ausgerottet waren.

ROHKUNBORRI
Nationalpark

Der 556 Quadratkilometer große Park liegt in der Gemeinde Bardu direkt an der Grenze zu Schweden. Durch das Sørdalen im Westen hat sich die Boldnoávži-Schlucht tief in das Kalkgestein eingeschnitten. Über 1500 Meter hohe vergletscherte Berge flankieren die Schlucht auf beiden Seiten. Im Osten kontrastiert das Rohkunborri-Massiv mit bewaldeten Tälern, alpinen Feuchtgebieten und den beiden größten

Seen Geavdnjajávri und Eartebealjávri. In einigen Seen wimmelt es nur so von Fischen, während in anderen eher seltene Krebstiere zu Hause sind. Die alten Birkenwälder im Sørdalen sowie die alpinen Feuchtgebiete sind wertvolle Vogelbrutstätten. Steinadler, Gerfalken und Schnee-Eulen nisten hier. Es gibt drei große Raubtiere im Nationalpark: den Vielfraß, den Luchs und den Braunbären.

Auf einen Blick

Lage: in der Gemeinde Bardu in der Provinz Troms; im Süden grenzt der Park an Schweden
Größe: 556 km²
Gründung: 2011
www.nasjonalparkstyre.no/ Rohkunborri

Nur schwer lassen sich genaue Grenzen ziehen, wo das Nordmeer aufhört und die Nordsee anfängt. Doch charakteristische Unterschiede kann man vor allem im Strömungsverhalten sowie in der Tiefe feststellen. Das Nordmeer ist kein Schelfmeer und somit sehr viel tiefer als seine Nachbarmeere. Wenn man von der norwegischen Nordmeerküste spricht, ist damit meist der Abschnitt zwischen Bodø und Tromsø gemeint. Geprägt ist die Küste von einer enormen Zahl an Inseln und Inselchen. Die wohl bekanntesten Gruppen darunter sind die Lofoten und die Vesterålen. Spektakulär wirkt hier das Nebeneinander aus hohen Gipfeln und dem Meer; in kaum einer anderen Region Europas findet man solche Kontraste. Schroffe Winter und von der Mitternachtssonne geprägte Sommer wechseln sich ab. Auch wenn es längst kein unentdecktes Paradies mehr ist, steht hier nach wie vor die Landschaft im Mittelpunkt. Fern von großen Städten findet man immer noch ungezähmte Wildnis, die nicht nur im Winter, wenn die Polarlichter über den Himmel tanzen, zu strahlen scheint. Die Kraft der Natur zeigt sich in den Farben und Formen ebenso wie in dem stärksten Gezeitenstrom der Welt, dem Saltstraumen. Mit Geschwindigkeiten von bis zu 40 Stundenkilometern dreht er sich wirbelnd vor der Küste nahe Bodø.

Goldene Strände erwartet man gemeinhin in der Karibik oder auf den Philippinen. Doch auch Norwegen kann mit dieser Farbe aufwarten, wenn auch nur in Kombination mit schneebedeckten Gipfeln und eiskaltem Meer.

Links: Wenn sich über der Vesteråleninsel Andøya Wolken zusammenziehen, tragen sie nicht selten zu einer malerischen Dramatik bei – von der Sonne angestrahlt, von den Gipfeln unerreicht und sich selbst im Meeresspiegel betrachtend.

SENJA

Senja ist mit 1586 Quadratkilometern nach Hinnøya die zweitgrößte Insel innerhalb Norwegens Landesgrenze. Das Wahrzeichen markiert die Gipfelformation Djevelens Tanngard, die »Zähne des Teufels«, deren Felswände bis zu 559 Meter aus der See im Nordwesten der Insel aufragen. Die von Tälern tief zerklüftete West- und Nordküste zählt zu den wildesten Gebirgs- und Seelandschaften des Nordens –

mit Bergzacken, die fast 1000 Meter hoch aus der Brandung emporsteigen. Die Senja-Ferienstraße führt vom Fischerdorf Gryllefjord durch die wilde Nordmeerseite und an den »Teufelszähnen« vorbei nach Laukvik. Im Süden vereint der Nationalpark Ånderdalen Fjord- und Fjelllandschaft und gehört mit Seen, Wasserfällen, Birken- und Kiefernwäldern sowie bis zu 500 Jahre alten Nadelbäumen zu den landschaftlichen Kleinoden an der Küste Nordnorwegens.

Oben: Die zackigen Felsen strahlen eine Ruhe aus, von der ihre Umgebung weit entfernt scheint, denn rauschend spült die Brandung um die Steine und die Wolken türmen sich zu immer neuen Formationen auf.

Auf einen Blick

Lage: im Westen der Provinz Troms, zwischen Tromsø im Norden und den Lofoten im Süden
Größe: 1589,35 km^2

Wer den Husfjell erklommen hat, sollte viel Zeit im Gepäck haben, denn es kann dauern, bis man den Rundumblick – im Rücken die Berge, vor einem Bergsfjord und offener Atlantik – angemessen in sich aufgenommen hat.

Bis zu 90 Vogelarten kann man im Park beobachten. Prachttaucher, Regenbrachvögel (ganz unten) und Graugänse nisten hier. Neben den Wasser- und Ufervögeln gibt es auch eine Reihe von Singvögeln und Grünspechte (oben).

Nationalpark Ånderdalen

Der knapp 125 Quadratkilometer große Nationalpark Ånderdalen auf der Insel Senja verkörpert wie kein anderer die typische nordische Fjord- und Fjelllandschaft. Mit seinen kargen Bergen, weiten Heide- und Moorlandschaften, sprudelnden Flüssen, Wasserfällen, fischreichen Seen, lichten Birken- und Kiefern-

wäldern sowie bis zu 500 Jahre alten Nadelbäumen gehört er zu den landschaftlichen Kleinoden an der Küste Nordnorwegens. Die Vegation ist eher spärlich, lediglich in den Moorgebieten findet man eine Vielzahl von Sumpfpflanzen. In den Seen tummeln sich Forellen, Saiblinge und Stichlinge. Die größten Säugetiere im Park sind Elche, Rotfüchse, Hermeline und Fischotter.

Trotz der kargen Böden wachsen 200 verschiedene Blütenpflanzen im Park – darunter die seltene Orchideenart Geflecktes Knabenkraut (Bild unten Mitte), aber auch Moorlilien, Korallenwurzen und Sumpfveilchen.

VESTERÅLEN

Die Inselkette Vesterålen vor der Küste von Troms erstreckt sich über 150 Kilometer und geht im Süden fast nahtlos in den Lofoten-Archipel über – als Trennungslinie gilt der schmale Raftsund. Auch landschaftlich ähnelt sie den Lofoten: Fjorde, Meerengen und Buchten, Schären, Flüsse und Seen, Moore, Täler und Hochebenen, »alpin« wirkende Gipfel und Sandstrände wie im Süden. Hauptinseln sind Hinnøya, Langøya und Andøya. 2003

wurde der See- und Hochgebirgs-Nationalpark Møysalen auf der Insel Hinnøya ausgewiesen: Vom Indrefjord erstreckt sich das 51 Quadratkilometer große Gebiet bis hinauf zum vergletscherten Møysalen (1266 Meter), dem höchsten Vesterålen-Gipfel. Wegen seiner charakteristischen Form diente er jahrhundertelang als Seezeichen.

Auf einen Blick

Lage: die Inselgruppe formiert sich um die Hauptinseln Andøya, Langøya und Hadseløya herum und liegt nördlich der Lofoten
Größe: 2511 km²

Nein, es ist kein Vulkan, der grünes Feuer speit, und es sitzt auch kein Indianer auf dem Gipfel, der grüne Rauchzeichen gibt – Polarlichter sind eben immer für Überraschungen gut und eignen sich hervorragend als Fantasieübung.

LOFOTEN

»Alpen im Nordmeer« wird die fast märchenhafte Landschaft der Lofoten auch genannt – tatsächlich ähnelt sie mit Bergspitzen und hoch gelegenen Wiesen einer Schweizer Gipfelkette, nur mit überspülten Füßen. Die lang gezogene Inselgruppe ist nach dem Wikingernamen einer einzelnen Insel benannt: Vestvågøy hieß ursprünglich »Lófóten«, »Luchsfuß«, da ihr Umriss einem solchen ähneln soll. Die wichtigsten Eilande sind per Brücke oder heute auch über Tunnels miteinander verbunden. Die Inselkette Lofoten liegt 100 Kilometer nördlich des Polarkreises, was lange Winternächte bringt, doch sorgt der Golfstrom für ein mildes Klima. Seit rund 6000 Jahren leben hier Fischer, davon zeugen die weitverbreiteten Stockfischgestelle und ihre traditionellen Rorbu-Hütten. Inzwischen ist der Tourismus zu einer der wichtigsten Einnahmequellen neben dem Fischfang geworden.

Auf einen Blick

Lage: die insgesamt 80 Inseln liegen nördlich des Polarkreises, Provinz Nordland
Größe: 1227 km^2
www.lofoten-info.no

Schwarz-weiß kontastiert das Land mit dem Himmel, der sich mit fast jeder Farbe des Malkastens färben ließe. Nur Grün fehlt noch in dem Spektrum, das sich über dem winterlichen Skagsanden auf Flakstadøy ergießt.

LOFOTEN

Vestvågøya

Vestvågøya ist mit 411 Quadratkilometern die zweitgrößte Lofoteninsel. Der eisenzeitliche Häuptlingssitz Lofotr in Borg ist der Namensgeber des gesamten Archipels: Aus »Lofotr« wurde das Einzahlwort »Lofoten« (Luchsfuß); im Deutschen spricht man von den Lofoten in der Mehrzahl, da die Endung »-en« einen Plural suggeriert. Mit 83 Metern ist das 1000 Jahre alte Wikingerhaus von Lofotr eines der größten erhaltenen Langhäuser: Mit Bankettsaal, Wohnbereich, Schmiede, Bootshaus usw. wurde es rekonstruiert und beherbergt das Lofotr-Wikingermuseum. Mit 10 000 Einwohnern ist Vestvågøy die bevölkerungsreichste Inselgemeinde der Lofoten. Zu den bekanntesten Stränden von Vestvågøy zählt der Geröllstrand im Eggum-Naturreservat.

Für Landesverhältnisse recht flach rollen die Wellen an den Strand im Fischereidorf Utakleiv, der durch einen Tunnel erreichbar ist.

Austvågøya

Die Inselkette der Lofoten, die der Vestfjord vom Festland trennt, ist ein versunkenes Gebirge, dessen Spitzen aus der See ragen. Auf Austvågøy, der größten Lofoteninsel, erreichen die Gipfel im Higravtinden (1161 Meter) ihre höchste Erhebung. Aus der Ferne wirkt dieses Inselgebirge im Nordmeer wie eine einzige bizarr gezackte Felswand, deren Abwechslungsreichtum sich erst vor Ort enthüllt: schneeweiße Strände, Wasserfälle und grüne Täler, vom Eis ausgeschliffene Kare und Taltröge, wie Amphitheater umstanden von schneeüberzuckerten Bergen und in den Fischerdörfern die »Rorbuer« genannten roten Holzhäuschen. Die östlichste und zugleich größte Lofoteninsel ist mit der Vesteråleninsel Hinnøya durch die Raftsundbrücke – über der Meerenge gleichen Namens – verbunden.

Berge, Wiesen und Wolken spiegeln sich im Wasser, und so bietet sich dem Betrachter gleich zweimal die pittoreske Rauheit.

NÖRDLICHE SKANDEN

Wenn ein Gebirge zum Namensgeber eines gesamten Sprach- und Kulturraums wird, wird es wohl einiges an Bedeutung vorweisen können. Und in der Tat: Die Skanden reichen von der südlichsten Spitze Norwegens bis nach Schweden und sogar der nördlichsten Region Finnlands. Besonders Norwegen ist zweifelsohne mehr als geprägt von dem Gebirgszug. Je weiter man in Richtung Nordkap kommt, desto niedriger sind die Gipfel – doch weniger imposant sind sie deshalb keineswegs. Gletscher und Hochplateaus vervollständigen das Bild der nördlichen Skanden. Über die Entstehung des Gebirges besteht übrigens bis heute Unklarheit in der Wissenschaft. Lokale Mythen und Legenden scheinen diesen Umstand ausgleichen zu wollen und erzählen in schillernden Farben und mit allerhand Fabelwesen gespickt von den Ursprüngen des Höhenzugs. Angesichts der Landschaft scheint eine solche fantasievolle Herangehensweise an die Frage nach der Entstehung allerdings auch gerechtfertigt. Denn die Natur selbst scheint bereits die spannendsten Geschichten zu erzählen, in denen es um Kontraste von Meer und Gipfel geht, um das helle Grau des Gesteins und das dunkle Grau des Himmels. Gleichzeitig ist der nördliche Teil des Gebirges auch der am spärlichsten bevölkerte – wer mag da wissen, wie viele Trolle sich in den Wäldern tummeln?

Am Polarkreis sollte man seine Schlafenszeit nicht wie gewohnt nach der Sonne richten, es sei denn, man möchte nur wenige Stunden schlafen. Dieser Sonnenuntergang im Saltfjell beispielsweise findet gerade um 23 Uhr statt.

Zu Recht könnte man sich die Frage stellen, warum es im nördlichen Skandinavischen Gebirge so niedrige Vegetation gibt. Vielleicht wachsen die Pflanzen aus Rücksicht auf all jene, die den Rundumblick ohne störende Bäume genießen möchten, bewusst nicht hoch? Die Wissenschaft gibt die profanere Antwort: Der Niedrigwuchs ist durch häufigen Frost und starke Winde bedingt.

RAGO
Nationalpark

Der bereits im Jahr 1971 gegründete Park liegt östlich von Bodø, der Hauptstadt der Provinz Nordland. Zusammen mit den angrenzenden schwedischen Nationalparks Padjelanta, Sarek und Stora Sjöfall bildet er das größte zusammenhängende Naturschutzgebiet Europas. Sie bilden auf einer Gesamtfläche von 5700 Quadratkilometern eine eiszeitlich geprägte Landschaftsform mit den unterschiedlichsten Biotopen aus. Große Nadelwälder, Seen sowie Gebirgszüge mit tiefen Schluchten, Gletscher und wild fließende Bachläufe bieten stabilen Populationen seltener Tier- und Pflanzenarten einen Lebensraum. Höchster Berg des Parks ist der Ragotjahkka mit 1312 Metern, während der 250 Meter hohe Litlverivassfossen wohl der beeindruckendste und höchste der zahllosen Wasserfälle ist. Mit riesigen frei stehenden Felsen bilden sie eine urtümliche, karge und fast mystische Welt.

Auf einen Blick

Lage: in der Kommune Sørfold in der Provinz Nordland
Größe: 170 km^2
Gründung: 1971
www.nasjonalparkstyre.no/Rago

In keinem anderen Nationalpark Norwegens findet man so viele Wasserfälle wie im Rago-Nationalpark. Die Hauptattraktion ist sicherlich der Wasserfall vom Litlverivatnet, der 250 Meter tief in das Storskogdalen fällt.

In den Wäldern des Parks findet man vor allem Elche, Rentiere, Birk- und Auerhühner. Das Trolldalselva-Delta ist die Heimat einiger Singvögel wie des Blaukehlchens (oben). Auch das Alpenschneehuhn ist hier beheimatet (oben Mitte). Alpenmilchlattich und Trollblumen hingegen wachsen nördlich des Storskogvatnet (links).

SALTFJELLET-SVARTISEN
Nationalpark

Saltfjellet-Svartisen am Polarkreis ist der abwechslungsreichste Nationalpark Norwegens. Vom Nordfjord an der golfstromerwärmten Küste schwingt sich das 2102 Quadratkilometer große Gelände hinauf zum Plateaugletscher Svartisen. Östlich der Eismassen setzt sich der Nationalpark fort in den fruchtbaren Flusstälern und eisigen Hochgebirgslandschaften des Saltfjellet, des »Salzberges«. Dieses Gebiet ist bekannt für seine Karstgrotten. Auf dem kalkreichen Gestein gedeiht im kurzen, intensiven Sommer eine einzigartige Flora. Dieser Park bildet auch die südliche Verbreitungsgrenze für seltene arktische Pflanzenarten am Polarkreis. In einigen Tälern leben Elche und ein hoher Bestand an Schneehühnern – auch Vielfraße und Luchse haben hier einen ausgezeichneten Lebensraum gefunden. Das Volk der Samen nutzt dieses Gebiet seit Menschengedenken zur Rentierdrift.

Auf einen Blick

Lage: gehört zu den Gemeinden Beiarn, Meløy, Rana, Rødøy, Saltdal und Bodø in der Provinz Nordland
Größe: 2102 km^2
Gründung: 1989
www.nordlandnasjonalparksenter.no

Die Stromschnellen im Glomdalen mit dem Gipfel des Snøtinden und dem Bjørnefossvatnet-See im Hintergrund (links unten). Unten: Die abwechslungsreichste Karstlandschaft im Park liegt bei Pikhågan im Glomdalen.

Die wohl seltenste Pflanzenart im Park ist die Lappland-Alpenrose (links). Der Saltfjellet wirkt wie eine natürliche Nord-Süd-Barriere, der die Flora und Fauna von den angrenzenden Gebieten abschottet.

SALTFJELLET-SVARTISEN
Nationalpark

Svartisen-Gletscher

Der »Schwarzeis«-Gletscher ist mit 370 Quadratkilometern der zweitgrößte Gletscher Norwegens nach dem Jostedalsbreen im Vestland. Sein Name geht auf die stellenweise dunkleren Stellen im Eis zurück. Je älter das Eis ist, umso dunkler wird es. Mit gerade einmal 20 Metern über Meeresniveau ist er zudem der tiefstgelegene Gletscher auf dem europäi-

Der Gletscherarm Engabreen liegt malerisch zwischen den spitzen Gipfeln des Saltfjell-Svartisen-Massivs und dem Holandsfjord. Die schillernde Eiswelt ist in ein unergründliches Blau gehüllt, dazwischen klaffen tiefe Spalten.

schen Kontinent. Eigentlich besteht der Gletscher aus zwei getrennten Teilen – dem Østisen (Osteis) und dem Vestisen (Westeis). Zwischen den Gletschern liegt das eisfreie Glomtal. Der Svartisen zählt insgesamt bis zu 60 Gletscherarme. Der bekannteste in Vestisen ist der Engabreen, der sich in nordwestliche Richtung dem Holandsfjorden entgegenstreckt. Früher reichte der Gletscherarm Engabreen bis fast an die Küste. Aufgrund der Klimaveränderungen zog sich der Gletscher bis in die 1960er-Jahre um fast zwei Kilometer zurück. Der bedeutendste Gletscherarm des Østisen ist der Austerdalsisen mit seinem Abfluss in den Svartisvatnet.

LOMSDAL-VISTEN Nationalpark
BØRGEFJELL Nationalpark

Der 1102 Quadratkilometer große Lomsdal-Visten-Nationalpark ist Teil des Helgelandgürtels, eines Schutzgebiets, das sich von den Helgelandinseln im Westen nach Børgefjell im Osten der Küste bis an die schwedische Grenze erstreckt. Er ist von einer für Helgeland typischen abwechslungsreichen Landschaft geprägt: Enge Fjorde, breite Täler, große und kleine Flüsse wechseln sich mit Wäldern und Bergplateaus ab. Die höchste Erhebung des Parks ist der 1239 Meter hohe Vistkjerringa. Dank des nährstoffreichen Bodens und des günstigen Klimas gedeihen entlang der Flüsse viele seltene und teilweise gefährdete Arten von Pilzen und Flechten. Die Täler sind von Nadel- und Laubwäldern bewachsen, auf den kalkreichen Berggipfeln findet man eine große Vielfalt alpiner Pflanzen wie Berghonig und Mondkraut. Große Säugetiere sind eher selten, aber es gibt eine mannigfaltige Vogelwelt.

Auf einen Blick

Lage: in der Provinz Nordland in den Gemeinden Brønnøy, Vevelstad, Vefsn und Grane
Größe: 1102 km^2
Gründung: 2009
www.nasjonalparkstyre.no

Der größte Teil des 1447 Quadratkilometer großen Nationalparks Børgefjell ist reine Wildnis. Es gibt Seen, Flüsse, Moorland, Hügel und Berge. Die höchsten Gipfel liegen im Westen, wo das Grundgestein hauptsächlich aus dunklem Granit besteht. Das gibt der Landschaft auch ihre teils düstere, wilde Erscheinung. Der höchste Berg ist der Kvigtinden, der 1699 Meter emporragt. Im südlichen Teil findet man dagegen wilde Stromschnellen und Wasserfälle. Der östliche Teil wiederum ist gekennzeichnet durch eine sanfte Hügellandschaft und offenes Moorland. Der nährstoffreiche Boden bringt eine üppige Vegetation und einen vielfältigen Tier- und Pflanzenreichtum hervor. Der Nationalpark ist eines der wenigen Rückzugsgebiete des Polarfuches, eines der am meisten gefährdeten Säugetiere Norwegens. Der meistverbreitete Greifvogel im Nationalpark ist der Raufußbussard.

Polarfuchs, Mauswiesel, Rotfuchs, Baummarder (großes Bild) und Hermelin (linke Bildleiste oben) sind die häufigsten kleinen Säugetierarten im Børgefjell-Nationalpark. Der Vielfraß ist das größte Raubtier des Parks.

LIERNE Nationalpark

Der Lierne-Nationalpark mit seiner Gesamtfläche von 333 Quadratkilometern zeichnet sich durch große Wald- und Bergareale aus, die bisher weitestgehend von menschlichen Eingriffen verschont geblieben sind. Lediglich die Samen nutzen das Gebiet seit jeher zum Jagen und Fischen. Große Teile des Parks bestehen aus flachem Hochland mit alpinen Charakter. Nur der Gipfel des in der Mitte des Parks gelegenen Hestkjølen erreicht eine Höhe von 1390 Metern. Ansonsten dominieren großflächige Feucht- und Sumpfgebiete und lichte Wälder. Diese sind wichtige Lebensräume für die reiche Vogelwelt mit Watvögeln, Enten und Tauchern. Die ausgedehnte, unberührte Wildnis bietet auch gute Lebensbedingungen für Tiere wie den Vielfraß, den Luchs und den Braunbären, die große Nahrungs- und Jagdgebiete benötigen. Selbst der gefährdete Polarfuchs ist hier ab und an anzutreffen.

Selbst Luchse (oben) und Braunbären können von Zeit zu Zeit im Lierne-Nationalpark gesichtet werden.

Auf einen Blick

Lage: in den Kommunen Hattfjelldal, Grane, Namsskogan und Røyrvik in den Provinzen Nordland und Trøndelag
Größe: 1447 km²
Gründung: 1963
www.miljødirektoratet.no/nasjonalparker

Auf einen Blick

Lage: in der Provinz Trøndelag, gehört zur Gemeinde Lierne
Größe: 333 km²
Gründung: 2004
www.nasjonalparken.no

Es sind zweifellos die hohen Gipfel und mächtigen Gletscher, die den Ton in den südlichen Skanden angeben. Hier findet sich der höchste Berg Skandinaviens, der Galdhøpiggen mit seinen 2469 Metern. Ihn umgibt der Nationalpark Jotunheimen, der dank seiner eindrucksvollen Natur wohl der beliebteste Nationalpark des Landes ist. Wenige Kilometer weiter westlich liegt der Jostedalsbreen-Nationalpark, der mit einem weiteren Erstplatzierten aufwarten kann, denn der hier liegende namensgebende Gletscher ist der größte Kontinentaleuropas. Bis zu 500 Meter dick breitet der Jostedalsbreen sich zwischen den aufragenden Felswänden aus, rund 40 Kilometer lang und 15 Kilometer breit. Aber auch Svartisen und Folgefonna sollten nicht unerwähnt bleiben, wenn man über große Gletscher in diesem Teil Norwegens spricht. Die Nationalparks Dovrefjell-Sunndalsfjella, Rondane und Dovre haben vielleicht nicht die höchsten Gipfel und größten Gletscher zu bieten, dafür eine artenreiche Flora und Fauna, darunter Braunbären und Moschusochsen. Und keine Beschreibung der südlichen Skanden wäre vollständig, wenn in ihr die Fjorde fehlten. Denn die Westflanke des Gebirgszug ist nicht flach abgestuft wie die Ostseite, sondern steil abfallend, und in den Trogtälern der ehemaligen Gletscher sammelt sich das Wasser der Fjorde.

Als drittgrößter Gletscher auf dem norwegischen Festland kann sich der Folgefonna betiteln. Anders als angesichts seiner Eismassen zu vermuten, entstand er nicht in der Eiszeit, sondern erst vor rund 2500 Jahren.

Nicht umsonst wurde der Name »Trogtal« für diese Form der Täler gewählt, denn oft beschreiben sie ein nahezu perfektes Halbrund. In ihnen sammeln sich neben dem Eis der Gletscher auch die langen Schatten der Gipfel.

FEMUNDSMARKA
Nationalpark

Dieses Schutzgebiet ist eine urtümliche, von eiszeitlichen Gletschern geformte Wildnis. Der Femundsmarka-Nationalpark liegt zwischen dem Femundsee und der schwedischen Grenze, wurde 1971 gegründet und misst mittlerweile 597 Quadratkilometer. Das Gebiet umfasst große Teile der Femundsmarka, einer Gebirgsregion, deren höchste Gipfel bis rund 1500 Meter aufragen. Der Nationalpark präsentiert sich dabei als urtümliche Landschaft: Kiefernwälder und Strauchgewächse dominieren die Vegetation. Trotz seiner Abgeschiedenheit, oder vielleicht gerade deswegen, lockt das Gebiet viele Aktivurlauber an. Es ist von markierten Wanderwegen durchzogen, die Seen und Flüsse sind ein Dorado für Kanuten und Angler. Innerhalb des Parks bieten zwei Hütten Übernachtungsmöglichkeiten an.

Auf einen Blick

Lage: gehört zu den Gemeinden Engerdal in der Provinz Hedmark und Røros in der Provinz Trøndelag
Größe: 597 km²
Gründung: 1971
www.grenselandet.no

Sanft fallende Ebenen, durchzogen von Seen und kleinen Teichen, sowie lichte Kiefern- und Birkenwälder sind der ideale Lebensraum für Vögel wie den Birkenzeisig, das Blaukehlchen und den Bergfink (Bildleiste rechts von oben).

SKARVAN OG ROLTDALEN
Nationalpark

Auch dieser Park östlich von Trondheim umfasst mehrere unterschiedliche Naturlandschaften, deren biologische Vielfalt mit der Gründung 2004 erhalten werden sollte. Um das nach Südwesten verlaufende Roltdal finden sich dichte alte Nadelwälder mit einer großen Elchpopulation sowie Moorgebiete, die Sumpfläufern sowie Kampfläufern, Prachttauchern und Bergenten eine Heimat bieten. Die

Gebirgszüge im Norden und Osten des Nationalparks ragen bis fast 1500 Meter auf, sodass sich auch Steinadler und Gerfalke wohlfühlen. Oberhalb der Baumgrenze gedeihen Zwergsträucher, Moose und Flechten. Wie in fast allen Nationalparks zieht sich ein Netz von Wanderwegen durch die Landschaft. Kanuten finden ideale Bedingungen, während im Winter Langläufer voll auf ihre Kosten kommen.

Auf einen Blick

Lage: gehört zu den Gemeinden Selbu, Tydal, Meråker und Stjørdal in der Provinz Trøndelag
Größe: 441,4 km^2
Gründung: 2004
www.nasjonalparkstyre.no

Die zahlreichen Flüsse und Seen sind ein wahres Paradies für Angler: der Tverrelva-Fluss unter dem Litlklepptjørna-See (Bildleiste links) und der Torsbjørka-Fluss (großes Bild) sind voller Forellen und Saiblinge.

RONDANE
Nationalpark

Der nordöstlich des Gudbrandstals gelegene Nationalpark wurde bereits 1962 gegründet und ist damit der älteste Norwegens. Er erstreckt sich auf 960 Quadratkilometern. Seine Schluchten, Täler und Gipfel machen ihn zu einem bedeutenden Wandergebiet. Hier finden sich Geröllwüsten, Moränenterrassen, Toteislöcher und Gletscherkare, zwischen denen sich Pflanzenoasen wie Moore und

Kiefernwälder verstecken. Im Herzen des Gebirges liegt malerisch der See Rondvatnet – »rundes Wasser«. Wie die benachbarten Nationalparks bildet auch Rondane ein Rückzugsgebiet für Wildrentiere, und auch Luchse fühlen sich hier wohl. Oberhalb der Baumgrenze dominieren Heidekraut, verschiedene Gräser und die graugelbe Rentierflechte die Vegetation – besonders sehenswert im Herbst.

Das trockene Klima und die nährstoffarmen Böden lassen keine üppige Vegetation zu. Auf den kargen Felsen leben nur widerstandsfähige Bodenpflanzen, Flechten und Moose. In den Tälern ist die Flora etwas artenreicher.

Auf einen Blick

Lage: in den Kommunen Dovre, Sel, Nord-Fron, Ringebu in der Provinz Oppland sowie Folldal und Stor-Elvdal in der Provinz Hedmark
Größe: 963 km^2
Gründung: 1962
www.nasjonalparker.org

Eine Bärenmutter mit ihren zwei Jungen ruht sich auf bemoosten Felsen aus. Die europäischen Braunbären beschränken sich auf steile und schwer zugängliche Gebirge sowie felsdurchsetzte großräumige Waldgebiete.

JOTUNHEIMEN
Nationalpark

Der 1980 gegründete Nationalpark umfasst die höchsten Gipfel Nordeuropas. Der Galdhøpiggen bildet mit 2469 Metern die höchste Erhebung Skandinaviens – mehr als 200 weitere Gipfel überragen die 2000-Meter-Marke in dieser vergletscherten Gebirgslandschaft. Der Nationalpark ist nicht nur ein Paradies für Wanderer und Trekker. An den Flüssen und Seen finden auch Wassersportler ideale Bedingungen vor. Am Ostrand des Nationalparks führt die berühmteste Wanderstrecke Norwegens hoch über dem smaragdgrünen See Gjende den Besseggengrat entlang. Auf der Vestland-Seite ist das Gebirge von alpiner Schroffheit geprägt, während die Østland-Seite mit insgesamt eher ruhigen Formen aufwartet. Neben einer sehr artenreichen Vegetation ist das Gebirge auch Heimat vieler Tierarten wie Rentiere, Elche, Rehe, Füchse, Marder, Nerze und Luchse.

Der Name der alpenähnlichen Gebirgslandschaft im Jotunheimen-Nationalpark geht auf die altnordische Literatur zurück: Jotunheimen bedeutet »Heim der Riesen«, aber auch Trolle und Zwerge sollen hier ihr Unwesen treiben.

Auf einen Blick

Lage: gehört zu den Gemeinden Lom, Vågå und Vang in der Provinz Oppland und den Gemeinden Luster und Årdal in der Provinz Sogn og Fjordane
Größe: 1155 km²
Gründung: 1980
www.jotunheimen.com

Besonders im Juni fallen die farbenfrohen Wiesen in Norwegen auf. Speziell in Höhen zwischen 300 und 600 Metern gedeihen viele Pflanzen besonders üppig. Die Küchenschelle (links) findet man zu dieser Zeit überall im Jotunheimen-Nationalpark.

JOSTEDALSBREEN
Nationalpark

Der Jostedalsbreen ist der größte Gletscher Festlandeuropas. Von den inneren Ausläufern des Sognefjords reicht der bis zu 15 Kilometer breite Plateaugletscher etwa 100 Kilometer nach Nordosten. An manchen Stellen ist das Eis bis zu 500 Meter dick. In der Mitte des Gletschers liegt Høgste Breakulen, eine 1957 Meter hohe Gletscherkuppel. Nur wenige Felsinseln durchbrechen die Eismassen, unter ihnen als höchster die Lodalskåpa mit 2083 Metern. Das 50 Kilometer lange Jostedalen, in dessen Seitentäler der Gletscher ostwärts zahlreiche Arme entsendet, ist durch die Reichsstraße 604 erschlossen. Seit 200 Jahren hat sich der Gletscher kontinuierlich zurückgezogen, mittlerweile jedoch sind seine Arme wieder auf dem Vormarsch. Mit der im Jahr 1991

erfolgten Gründung des Nationalparks wurde die einzigartige Gebirgslandsschaft um den Jostedalsbreen unter Schutz gestellt.

Fast 1500 Meter bahnt sich der Gletscher seinen Weg durch das schmale Briksdal. Mehr als 300 000 Besucher aus aller Welt lockt dieser spektakuläre Anblick jedes Jahr an.

Auf einen Blick

Lage: in der Provinz Sogn og Fjordane in den Gemeinden Balestrand, Luster, Sogndal, Førde, Jølster, Gloppen und Stryn
Größe: 1310 km^2
Gründung: 1991
www.nasjonalparkstyre.no/ Jostedalsbreen

Die Eiskappe des Jostedalsbreen überzieht mehr als 60 Kilometer das Gletscherplateau. Damit sind etwa zwei Fünftel des Nationalparks mit einer durchgehenden Schicht Eis bedeckt.

Brenndalsbreen

Der Gletscherarm Brenndalsbreen liegt am südlichen Ende des Oldedalen in unmittelbarer Nähe zum Briksdalbreen. Er ist leicht erreichbar, für Kinder geeignet und weniger überlaufen als sein prominenter Nachbar.

Nigardsbreen

Nigard ist die am leichtesten zugängliche Gletscherzunge des Jostedalsbreen. Über einen Wanderweg erreicht man über den Nigardsbrevatnet den Gletscher. Seine Fläche machen etwa zehn Prozent des Jostedalsbreen aus.

Briksdalsbreen

Der bekannteste Gletscherarm auf der sonnigen Nordwestseite des Jostedalsbreen: Am Ende des Sees Briksdalsbrevatnet streckt sich der Gletscherarm bis zum Gletscherplateau auf etwa 1500 Meter in die Höhe.

JOSTEDALSBREEN
Nationalpark

Austerdalsbreen

»Die feinste Eislandschaft Europas!« nannte der englische Bergsteigerpionier W.C. Slingsby 1894 den Austerdalsbreen – zu Recht. Der Austerdalsbreen auf der Südostseite des Jostedalsbreen zählt auch heute noch zu den schönsten und naturbelassensten Gletscherzungen des Nationalparks. Während Brikdalsbreen und Nigardsbreen im Sommer relativ überlaufen sind, halten sich die Touristenströme am Austerdalsbreen in Grenzen. Eine der

Besonderheiten des Austerdalsbreen ist, dass er durch drei steile Gletscherzungen gespeist wird. Die nördlichste und steilste ist der Torsbreen. Südwestlich davon liegt der Odinsbreen und am südlichsten befindet sich der breite Lokebreen. Dieser wird durch einen Felshang des 1657 Meter hohen Austerdalsberget von dem Gletscherarm getrennt. Sein Kalben trägt jedoch maßgeblich zur Bildung des Austerdalsbreen bei.

Kaum erwartet man zwischen kargem Gestein und Schnee bunt blühende Farben: Gegenblättriger Steinbrech und Gletscher-Hahnenfuß.

Die beiden mächtigen Gletscherarme Torsbreen und Odinsbreen ergießen sich ins Tal. Auf der vereinigten Zunge des Austerdalsbreen lagern sich die Schutt- und Geröllmassen der Seitenmoränen ab.

Der stark zerklüftete Westen Norwegens ist das Land der Fjorde und Gletscher, der Inseln und Fjell – eine wildromantische Küstenregion, die im Wechsel der Jahreszeiten immer wieder ihr Gesicht verändert. Denn unwirtlich ist Fjordland nicht. Dank des Golfstroms bleiben die Häfen auch im Winter eisfrei, und in durch steile Felswände geschützten Lagen ist sogar Obstbau möglich. Seit dem 18. Jahrhundert ist die Vergletscherung in Norwegen rückläufig, aber vor Urzeiten waren es die Gletscher, die dieser Küstenlandschaft ihre Gestalt gaben: So entstanden die Fjorde – bis zu 200 Kilometer lange Meeresbuchten, die von steilen, hoch aufragenden Bergen und Felswänden gesäumt sind – aus Trogtälern, die durch Gletscherabrieb stark vertieft und in der Nacheiszeit beim Anstieg des Meeresspiegel überflutet wurden. Keine Küstenlinie ist reicher gegliedert als die von Fjordland. Aufgrund der Fjorde und der unzähligen vorgelagerten kleinen Inseln misst sie über 20 000 Kilometer – eine Länge, die ungefähr dem halben Erdumfang entspricht. In dieser Region gibt es auch einige der spektakulärsten Wasserfälle des Landes. Publikumsmagnet ist der Låtefoss, dessen Wassermassen aus der Hardangervidda über eine mehrere Hundert Meter hohe Kaskade zu Tal stürzen. Aber auch Klippenvorsprünge wie Preikestolen und Trolltunga gehören zu den beliebtesten Zielen der Region.

Eigentlich könnte man Gesamtnorwegen als Fjordland bezeichnen, ist doch nahezu die gesamte Küstenlinie von ihnen geprägt und ebenso alle klassischen Vorstellungen über das Land. Hier zu sehen ist der Lysefjord.

Mit seinen Wasserfällen namens »Sieben Schwestern« – im Sommer fallen oft nur noch vier – beeindruckt der Geirangerfjord nicht nur Passagiere der Hurtigruten-Schiffe, sondern auch Besucher an Land.

VOGELINSEL RUNDE

Die Insel Runde im Sørøyane-Archipel ist Norwegens südlichstes Vogeleiland und gilt als ornithologisches Paradies. In den Felswänden der nur sechs Quadratkilometer kleinen Insel brüten alljährlich 500 000 bis 700 000 Seevögel vor der großartigen Kulisse der Sunnmørsalpen – darunter die mit 5000 Brutpaaren größte Kolonie von Eissturmvögeln in Norwegen. Hauptbrutzeit ist Mai bis Juni, die Seead-

ler hingegen legen ihre Eier bereits im März dort ab. Weite Teile der Insel stehen unter Naturschutz und dürfen zwischen dem 15. März und dem 31. August nicht betreten werden. Weitere häufige Brutvögel sind Dreizehenmöwen, Trottellummen, Tordalken, Papageitaucher, Krähenscharbe und Basstölpel.

Auf einen Blick

Lage: Insel südwestlich von Ålesund, gehört zur Gemeinde Herøy und befindet sich an der westnorwegischen Küste in der Provinz Møre og Romsdal
Größe: 6 km^2

Großes Bild: Basstölpel nisten zu Tausenden an den unzugänglichen Steilwänden der Vogelinsel Runde. Viele Basstölpelpaare haben ihre Nester inzwischen mit den herumliegenden Resten alter Fischernetze ausgepolstert.

Kleine Bilder von links oben im Uhrzeigersinn: Basstölpel, Pfuhlschnepfen, Schmarotzerraubmöwen, Austernfischer, Steinschmätzer, Raubmöwen, Tordalken und Papageitaucher sind nur einige der über 220 Vogelarten auf Runde.

GEIRANGERFJORD
UNESCO-Welterbe

Der Geirangerfjord steht als eine der schönsten Landschaften der Erde seit dem Jahr 2005 als Weltnaturerbe unter dem Schutz der UNESCO. Er ist der innerste Zweig des 120 Kilometer langen Storfjords, den alljährlich mehr als 150 Kreuzfahrtschiffe aus aller Welt passieren. Vom Schiff aus zu sehen sind unter anderem die drei berühmten Wasserfälle »Sieben Schwestern«, »Freier« und »Brautschleier«. Auch die Hurtigruten-Schiffe legen im Sommer in dem 250-Seelen-Dorf Geiranger am Ende des Fjords an. Die Passstraße Ørneveien, »Adlerstraße«, vom Geirangerfjord zu dem nördlich gelegenen Norddalsfjord ist mit den vielen Serpentinen und Aussichtspunkten eine der atemberaubendsten Bergstraßen in ganz Skandinavien und ein Highlight vieler Urlauber. Nur zu Fuß erreichbar ist dagegen der spektakulärste Aussichtspunkt, das Flydalshornet, in 1112 Metern Höhe senkrecht über dem Fjord.

Auf einen Blick

Lage: etwa 200 km nordöstlich von Bergen und ungefähr 280 km nordwestlich von Oslo in der Provinz Møre og Romsdal
Größe: 15 km
UNESCO-Weltnaturerbe: seit 2005

Der Geirangerfjord gilt als das Juwel unter den norwegischen Fjorden: mit seiner charakteristischen S-Form und den tief aus dem Gebirge herabstürzenden Wasserfällen wie den »Sieben Schwestern« auf der rechten Seite.

In den steilen Hängen des Fjords kann man heute noch viele verlassene Berghöfe entdecken. Einige Höfe wurden restauriert und dienen als wichtige kulturhistorische Stätten.

Einige letzte Sonnenstrahlen fallen noch auf die Berghänge am Nordfjord, doch bald schon wird der Sturm die schweren Gewitterwolken vor die Sonne schieben und alles Licht verschlucken. Dieses Drama ereignet sich bei Stryn.

Zwischen Sognefjord und Ålesund präsentiert sich Norwegen als kontrastreiches Reiseland. Im Westen lockt ein durch unzählige Buchten und Fjorde zerklüfteter, rauer, oft karger Küstenstrich, dessen Bewohner seit alters her dem Meer zugetan sind. Nur rund 100 Kilometer weiter östlich bildet das Hochgebirge des Jostedalsbreen-Gletschergebiets die Kulisse für eine von dichten Wäldern, saftig grünen Wiesen, klaren Seen und malerischen Dörfern ge-

prägte Bilderbuchlandschaft. Dazwischen liegt der 106 Kilometer lange Nordfjord. Er scheint das gesamte Land repräsentieren zu wollen, denn auf seiner Nordseite herrscht Mittelgebirgscharakter, die gegenüberliegende Südseite hingegen wartet mit mehreren Gletschern auf und in der Mündung sammeln sich malerische Inseln. Sein östliches Ende wird Innvikfjord genannt und dort schließt der berühmte Jostedalsbreen-Nationalpark an.

Auf einen Blick

Lage: von seiner Mündung bei Måløy bis an den Jostedalsbreen-Nationalpark reicht die Fläche des verzweigten Fjords
Länge: 106 km

NÆRØYFJORD
UNESCO-Welterbe

Dieser Meeresarm gehört zu den dramatischsten des Landes. An seiner engsten Stelle misst er nur 250 Meter, an seiner breitesten einen Kilometer. Nicht aber seine metrischen Daten sind es, die ihn zum UNESCO-Weltnaturerbe machten, sondern seine beispielhafte Prägung als Fjord. Der Nærøyfjord steht für eine einzigartige Artenvielfalt, für klare Wildbäche und Wasserfälle, die sich ihren Weg über steile Felsen suchen, für eine Vielfalt der geologischen und der klimatischen Verhältnisse. Rund 1200 Meter hohe Felsen ragen hier fast senkrecht ins Wasser. Laub- und Nadelwälder wechseln sich ebenso ab wie verschiedene Pflanzenformen. Die vielfältige Natur bietet einen idealen Lebensraum für viele Tiere: Polarfüchse und Luchse, Rentiere, Otter und Weißrückenspechte fühlen sich in der oftmals noch unberührten Landschaft besonders wohl. Die Gewässer sind Heimat der Schweinswale.

Auf einen Blick

Lage: als südlicher Nebenarm des Sognefjords reicht der Nærøyfjord bis Gudvangen
Länge: 17 km
UNESCO-Weltnaturerbe: seit 2005

In aller Pracht spiegelt sich die Szenerie im Nærøyfjord, wenn sich tiefschwarze Wolken und heller Lichtschein am Himmel abwechseln, die Berge golden leuchten und die typisch weißen Häuser aufs Wasser blicken.

Manchmal, wenn man auf Norwegens Fjorde blickt, vermag man kaum zu glauben, keinen anderen Menschen weit und breit zu sehen. Diese wildromantische Schönheit müsste doch die gesamte Weltbevölkerung anziehen!

HARDANGERFJORD

Der Hardangerfjord zählt zu den schönsten des Landes. Er ist, nach dem Sognefjord, mit etwa 183 Kilometern Länge der zweitgrößte Fjord Norwegens. Vielgliedrig und dutzendfach verästelt schlängelt er sich von der Schärenküste im Westen ins Landesinnere Richtung Nordosten und schneidet sich tief ins Bergland des Hardangerfjells hinein. Am Fjordanfang und in Küstennähe ist das Ufer noch von Wald- und Wiesenlandschaften geprägt. Aber in den mittleren und inneren Abschnitten werden die Ufersäume immer schmäler und mehr und mehr von steilen Felswänden flankiert. Hier beginnt der Einflussbereich des Folgefonna, des drittgrößten Gletschers auf Norwegens Festland. Er liegt auf einer Halbinsel im gleichnamigen Nationalpark. Schließlich erreicht der Hardangerfjord am Hochplateau der Hardangervidda seine Grenze im Osten. Dort teilt er sich in den kleineren Eidfjord und Sørfjord auf.

Auf einen Blick

Lage: die Mündung befindet sich etwa mittig zwischen Bergen und Haugesund, im Nordosten teilt sich der Fjord in Eidfjord und Sørfjord
Länge: 183 km

Der Hardangerfjord ist der König der Fjorde. Weitverzweigt in Nebenarme, erstreckt er sich von der Inselwelt im Südwesten bis an den Fuß der Hardangervidda, des größten Hochgebirgsplateaus Nordeuropas.

Mit seinen Gipfeln, Skigebieten und Gletschern auf den Höhen ebenso wie mit Kirschblüten in sonnenverwöhnten Tieflagen zählt Hardanger zu den malerischsten und abwechslungsreichsten Landschaften Norwegens. Darüber hinaus ist es eine Region, in der man der aktiven Pflege einer über Jahrhunderte gewachsenen Kultur einen zentralen Platz einräumt, etwa im Trachtenwesen (Hardangerstickerei) und in der Musik (Tänze).

EIDFJORD

Die Region um den östlichsten Nebenarm des Hardangerfjords zählt zu den spektakulärsten Naturlandschaften Norwegens. Das Gewässer ist von majestätisch aufragenden Bergen mit schneebedeckten Gipfeln umgeben. In den unteren Lagen sind die Hänge dicht bewaldet, auf den höher gelegenen Almwiesen finden sich einsam gelegene Gehöfte. Das Städtchen Eidfjord am Ende des Fjords ist ein Eingangstor zur Hardangervidda. Am Ende des Simadalsfjords, der sechs Kilometer langen nördlichen Ausbuchtung des Eidfjords, ist in den 1980er-Jahren trotz heftigster Proteste von Umweltaktivisten ein Speicherkraftwerk entstanden. Es wurde 700 Meter in den Felsen hineingebaut und nutzt das Schmelzwasser der Gletscher in der Umgebung zur Energiegewinnung. Obwohl die Diskussionen über die ökologischen Veränderungen nicht abreißen, wird es als Touristenattraktion vermarktet.

Auf einen Blick

Lage: der Eidfjord ragt als nordöstlicher Seitenarm des Hardangerfjordes in die Region nördlich der Hardangervidda
Länge: 28 km

Tiefes Wasser, hohe Felsen, dunkles Grün – das ist der Eidfjord. Und was für den großen Bruder gilt, gilt auch für den Simadalsfjord (großes Bild), in den er nordöstlich von der Stadt Eidfjord nahtlos übergeht.

Am Ufer des Fjords sitzen, einen kleinen Zeh in das kalte Wasser halten, den Blick über die unfassbar hohen Felswände schweifen und die Wolken über sich hinwegziehen lassen – mehr muss man am Eidfjord gar nicht tun.

VØRINGSFOSSEN

Er gehört zu den berühmtesten Wasserfällen Norwegens: der Vøringsfossen mit dem spektakulären Panorama, das ihn umgibt. Tiefe Schluchten säumen den Rand des Fjellplateaus Hardangervidda – übrigens Europas größte Hochebene. Am Westrand des Hochplateaus stürzt das Wasser 183 Meter in das Måbødalen hinab, davon immerhin 145 Meter im freien Fall. Doch nur im Sommer rauschen hier große Wassermassen beständig hindurch,

denn eigentlich werden sie zur Stromerzeugung genutzt. Die Kraftwerksbetreiber wollten ursprünglich die Naturschönheit drosseln und takten, doch wenigstens für die Touristensaison in den Sommermonaten ist dieses Vorhaben gestoppt worden. Wer es liebt, mit dem Rauschen des Wassers einzuschlafen, der bucht sich im nahe gelegenen Fossli-Hotel ein Zimmer. Dort haben Besucher beim Blick auf den Wasserfall einen Logenplatz.

Auf einen Blick

Lage: im Verlauf des kleinen Flusses Bjoreio in der Kommune Eidfjord in der Provinz Hordaland
Höhe: 183 m
www.nasjonaleturistveger.no/de/vøringsfossen

Schroffe Felswände mit Moos bewachsen, Gischt, Nebel und viel Wasser prägen die Szenerie am Vøringsfossen. Die besten Fotos vom Wasserfall entstehen übrigens nicht bei Sonnenschein, sondern bei Regen.

HARDANGERVIDDA
Nationalpark

Der im Jahr 1981 gegründete Nationalpark umfasst einen Teil der Hardangervidda, der größten Fjell-Hochebene Europas. Das Plateau, das oberhalb der Waldgrenze zwischen 1200 und 1400 Meter hoch liegt, präsentiert sich als weiter, schier endloser Naturraum. Er ist durchzogen von vielen kleinen Flüssen und mit klaren Seen übersät. Gräser, Moose und

Zwergsträucher dominieren die Pflanzenwelt. Obwohl die Hochebene in Südnorwegen liegt, herrscht hier aufgrund der großen Höhe ein fast schon arktisches Klima. Auch in den kurzen Sommern ist es auf der Hardangervidda selten wärmer als 10 °C. Das Plateau ist deshalb das südlichste Verbreitungsgebiet von arktischen Tierarten auf der Erde.

Auf einen Blick

Lage: gehört zu den Provinzen Hordaland, Telemark und Buskerud
Größe: 3422 km^2
Gründung: 1981
hardangerviddanatursenter.no/de

Der größte Nationalpark Norwegens ist geprägt von sanften Hügeln und vielen Seen, die auf dem Hochplateau liegen. Im langen Winter können die Temperaturen hier sogar bis auf –40 °C fallen.

LÅTEFOSSEN

Ganz in der Nähe der Stadt Odda befindet sich das Tal der Wasserfälle. Der Låtefossen ist der bekannteste von ihnen und mit einer Fallhöhe von insgesamt 165 Metern zählt er zu den höchsten Wasserfällen Europas. Manchen gilt er sogar als »König der Wasserfälle« – das mag vielleicht daran liegen, dass er sich als Zwillingswasserfall von zwei Seiten her ins Tal ergießt. Wer dort in der Gischt des sprudelnden Quellwassers steht, ist fasziniert von der

Kraft der Natur. Gespeist wird der Låtefossen aus den Gletscherflüssen des Hardangervidda-hochplateaus. Schon der deutsche Kaiser Wilhelm II. genoss 1891 dieses Naturschauspiel. Von da an kam er 23 Jahre lang jeden Sommer zur Erholung in die Gegend um Odda und machte sie bei Adel und Prominenten als Urlaubsgebiet salonfähig. Wer vom Zwillingswasserfall aus weiterwandert, passiert mit dem Espelandsfossen, dem Strandfossen und dem Tjørnadalsfossen weitere fallende Wasser. Nicht nur im Sommer haben sie ihren Reiz, auch im Winter, wenn die Ströme zu Eis erstarrt sind, lohnt sich der Abstecher.

Auf einen Blick

Lage: in der norwegischen Provinz Hordaland im Südwesten Norwegens, etwa 20 Kilometer südlich des Städtchens Odda
Höhe: 165 m

Eine alte Steinbrücke führt über den Zusammenfluss des Zwillingswasserfalls Låtefossen, der sich in einen Nebel aus Gischt gehüllt malerisch ins Tal ergießt. Die Vegetation ist auffallend üppig und sattgrün.

FOLGEFONNA
Nationalpark

Im Mai 2005 weihte Königin Sonja Norwegens 25. Nationalpark ein: Der drittgrößte Gletscher Skandinaviens und seine Umgebung stehen seither auf 545,2 Quadratkilometern als nationales Naturerbe unter Schutz. Der bis zu 34 Kilometer lange und bis zu 16 Kilometer breite Plateaugletscher liegt auf der Folgefonna-Halbinsel, die vom Sør und weiteren Armen des Hardangerfjords umschlossen wird. Fjell, Gletscher und Meer, Kare und fruchtbare Täler mit artenreichen Laubwäldern, Bergbäche und Flüsse mit reichen Forellen- und Lachsbeständen prägen die Landschaft. In den Wäldern leben Rothirsche, in den Tälern rund um den Gletscher ist das Steinhuhn ansässig, in höheren Lagen nisten Raubvögel wie der Steinadler. Für Autofahrer bildete die Folgefonna-Halbinsel lange ein Hindernis, im Jahr 2001 wurde deshalb der 11,5 Kilometer lange Folgefonna-Tunnel zwischen Odda und Gjerde eröffnet.

Auf einen Blick

Lage: gehört zu den Gemeinden Etne, Kvinnherad, Odda, Jondal und Ullensvang in der Provinz Hordaland
Größe: 545,2 km^2
Gründung: 2005
www.folgefonna.info

Eine wunderbare und unnahbare Welt aus Eis – so mutet der drittgrößte Gletscher auf dem norwegischen Festland aus der Luft an. Etwa 200 Quadratkilometer der Parkfläche bedeckt das Eis des Folgefonna-Gletschers.

LYSEFJORD

Von Stavangers Hafen aus starten regelmäßig Ausflugsschiffe in diesen 40 Kilometer langen und bis zu 500 Meter tiefen Fjord. Die Fahrt führt vorbei an hohen und in vielen Bereichen senkrecht abfallenden glatten Steilwänden aus Granitgestein mit ungewöhnlich heller Färbung. Nach einem Viertel der Fahrtstrecke ragt eine der berühmtesten Sehenswürdigkeiten Norwegens oben aus dem Fels heraus: die Plattform Preikestolen, »Predigtstuhl«. Das beliebte Wanderziel für Abenteuerlustige ohne Höhenangst bietet einen atemberaubenden Blick auf die Fjordlandschaft – ähnlich wie das nahe, ähnlich spektakuläre Plateau des Kjerag. An den schmalen, unwirtlichen und nur per Boot erreichbaren Ufern des Fjords siedelten sich nur wenige Menschen an. Zum Ort Lysebotn am Ende des Fjords geht es auf dem Landweg nur über eine bis 900 Meter hohe Straße voller gefährlicher Haarnadelkurven.

Auf einen Blick

Lage: in der Fjordregion Ryfylke östlich der Stadt Stavanger in der Provinz Rogaland im Süden Norwegens
Länge: 40 km
Tiefe: 500 m

Der Lysefjord ist das Tor zu Norwegens sagenhafter Fjordwelt – bis zu 1000 Meter ragen die Berge entlang des Fjords auf. Die berühmtesten Aussichtspunkte sind der Preikestolen, Kjerag und die Lysevegen-Straße.

Die hellen, wie blank polierten Felswände waren Namensgeber für den Lysefjord, dessen Name »heller Fjord« bedeutet. An seiner Mündung haben sich schon in der Frühzeit Menschen niedergelassen, die verbliebenen Zeugnisse solcher Siedlungen sind noch an mehreren Stellen zu besichtigen.

SKAGERRAK UND SÜDKÜSTE

Skagerrak ist ein internationales Faszinosum. Denn mit diesem Begriff bezeichnet man den Teil der Nordsee, der Dänemark, Norwegen und Schweden miteinander verbindet. Die westliche Grenze wird zwischen den Städten Lindenes (Norwegen) und Hanstholm (Dänemark) gezogen, daran schließt sich die Küste Jütlands an. Die nächste Wassergrenze verläuft dann vom dänischen Skagen bis zum schwedischen Pater-Noster-Leuchtturm. Ab hier umspült das Wasser des Skagerrak einen Großteil der Westküste Schwedens bis nach Oslo und von dort die komplette Südküste Norwegens, an Kristiansand vorbei bis Kap Lindenes. Dieser letzte Teil ist geprägt von felsigen Ufern, die immer wieder von weißen Holzhäusern unterbrochen werden. Deshalb nennt man diesen Küstenabschnitt oft die »norwegische Perlenkette«. Die Schären erinnern an Schweden und sind hier oft rau und unbewohnt, manche jedoch ebenso mit weißen Häuschen gespickt. Die gesamte Südküste ist bei Anglern beliebt, und dank der meist milden Temperaturen wird der Region oft nachgesagt, als einzige in Norwegen für einen klassischen Sommerurlaub geeignet zu sein – selbstverständlich ist das eine sehr eingeschränkte Sicht. Doch wenn man hier in die untergehende Sonne blickt, umgeben von niedrigen Felsen, erscheinen Gletscher und hohe Fjordwände tatsächlich weit entfernt.

Hier streiten sich so einige um den Rang als Wächter über die Natur: die Sonne, die strahlend über alles tastet, die Berge, die über dem Wasser aufragen, und der Leuchtturm Homborsund, dem das letzte Licht gehört.

In Vestfold bei Oslo gießt der Sonnenuntergang alle Farben über Himmel und Wasser.

ROGALAND

Kaum einer denkt an Sandstrände, wenn er Norwegen hört, und ebensowenig gehören Dünen zu den typischen Ansichten des Landes. Doch die Provinz Rogaland im Südwesten Norwegens vermag beides zu bieten, besonders in der Region Jæren. Während die meisten nur nach Rogaland kommen, um die Küstenstadt Stavanger mit ihren weißen Holzhäusern zu besuchen, lohnt sich durchaus auch eine eingehende Würdigung der sie umgebenden Landschaft. Immerhin haben sich vor vielen Jahrhunderten hier wohl die ersten Noweger niedergelassen, um die fruchtbare Erde für Ackerbau und Viehzucht zu nutzen. Wem die Küste angesichts der typischen Vorstellungen von Norwegen zu flach ist, sollte sich auf den Weg nach Suldalsheiane machen. Das herrlich einsam gelegene Hochland bietet immerhin einige stattliche Berge mit einer Höhe um 1100 Meter.

Auf einen Blick

Lage: Rogaland ist die südwestlichste Provinz des Landes, ihre Hauptstadt ist Stavanger
Größe: 9376 km^2

Wer unvermittelt in der Region von Rogaland landet, wird wohl kaum sofort darauf kommen, dass er sich in Norwegen befindet. Die vergleichsweise flache Küste und Sandstrände wie der Borestrand wirken so landesuntypisch.

Ein Regenbogen, der sich im Ganzen von einem Ende zum anderen spannt, ist immer ein toller Anblick. Wenn es dann auch noch einen zweiten gibt, der es ihm gleichtut, raubt dieses Bild durchaus den Atem.

SCHWEDEN

Schweden bildet die geografische Mitte Skandinaviens und liegt auf dem über 2,5 Milliarden Jahre alten fennoskandinavischen Schild. Die Eiszeiten haben die Landschaft geprägt, doch während im Süden die Eismassen vor 15 000 Jahren abgeschmolzen sind, bedecken die nordwestlichen Gebirgsregionen noch heute dicke Eisschichten. Auf das fruchtbare Südschweden mit seinem eher mitteleuropäischen Klima folgt nordwärts das südschwedische Hochland mit seinen Seen (hier der Vänern) und Wäldern. Mittelschweden ist das Zentrum des Erzbergbaus, und das dünn besiedelte Norrland bietet kaum noch Möglichkeiten der landwirtschaftlichen Nutzung.

LAPPLAND

Riesige Wälder und zahllose Seen prägen Norrland, den nördlichsten Teil Schwedens, wo die Sonne im Sommer nicht untergeht und im Winter nicht scheint. Die raue und ursprüngliche Landschaft Lapplands zählt zur Nordkalotte, den am weitesten im Norden gelegenen Gebieten der fennoskandinavischen Halbinsel um den Polarkreis. Anteile an diesem wenig besiedelten Landstrich haben Finnland, Norwegen, Russland mit der Halbinsel Kola und Schweden. Seit mehr als 2000 Jahren bewohnen die Sámi oder Samek (»Sumpfleute«), wie sich die Lappen selbst nennen, diese nördlichen Regionen Skandinaviens, die sie schon früher mit großen Rentierherden durchzogen. In den landwirtschaftlich ungenutzten, von Tundravegetation beherrschten Regionen Lapplands, die sich von den tiefer gelegenen Waldrandgebieten bis zur Nordmeerküste hinziehen, finden sich Braunbärenpopulationen. Daneben gibt es Wölfe, Elche und eine reiche Vogelwelt. Dazu Flüsse, deren Bett von der Eiszeit geformt wurde, Nadelwald, ein paar niedrige Fjällbirken, Moose, Flechten und Heide. Die in weiten Teilen naturgeschützten Lebensräume Lapplands gelten als »Europas letzte Wildnis«. Kein Wunder: Flüsse dürfen ihren Weg nehmen und auch mal über die Ufer treten, und aus jedem Bach kann man trinken.

Unberührte Natur und faszinierende Wildnis wie im Kvikkjokksdelta machen Lappland zu einer der beeindruckendsten Regionen im hohen Norden. Gebildet wird das Delta durch die Flüsse Tarraälven und Kamajokk.

Rentiere sind perfekt an das oft karge Leben in der Kälte des hohen Nordens angepasst. Zu großen Herden zusammengeschlossen, durchziehen sie die einsamen und weitläufigen Gebiete Lapplands. In der beinahe menschenleeren Region ist weder Industrie noch eine nennenswerte Landwirtschaft vertreten.

ABISKO
Nationalpark

Der Abisko-Nationalpark liegt in der Provinz Norrbottens län im schwedisch-norwegischen Grenzgebirge, rund 200 Kilometer nördlich des Polarkreises. Der Kungsleden, einer der bekanntesten Fernwanderwege durch Schweden, beginnt hier und führt südwärts durch das Naturschutzgebiet. Der Nationalpark ist eher klein, doch er ist das ideale Ziel für Romantiker, denn hier locken Wanderungen bei Mitternachtssonne. Mitten in der Nacht kann man bei Sonnenlicht durch die Talsenke des rund 70 Kilometer langen Sees Torneträsk spazieren und den Ausblick genießen. Im Sommer sind die Ufer gespickt mit blühenden Blumen, die arktische Flora verwandelt die Gegend in ein Blütenmeer. Die Brutgebiete der Vögel sind zeitweise für Besucher gesperrt. Spektakulär ist der Canyon des Abiskojokk, der den ganzen Nationalpark durchzieht und senkrecht in die Landschaft schneidet.

Auf einen Blick

Lage: Lappland, 195 km nördlich des Polarkreises, südlich von Torneträsk
Größe: 77 km^2
Gründung: 1909
sverigesnationalparker.se/park/abisko-nationalpark

Die Gesteinsschichten, die der Fluss Abiskojokk freigelegt hat, geben Aufschluss über die geologische Beschaffenheit des Landes. Neben Elchen gehören Raubtiere wie Polarfüchse und Luchse zu den Bewohnern des Parks.

Der Fluss bildet in seinem Verlauf ein Delta und mündet schließlich in Skandinaviens größten Gebirgssee, den Torneträsk.

MUDDUS
Nationalpark | UNESCO-Welterbe

Naturbelassen und ohne jeglichen Eingriff durch forstwirtschaftliche Maßnahmen erstrecken sich die weiten Wälder des Muddus-Nationalparks zwischen der Nationalstraße 97 und dem Fluss Stora Lule älv, südwestlich von Jokkmokk. Dichter Misch- und Nadelwald nimmt etwa die Hälfte des Naturschutzgebiets ein, die andere Hälfte besteht aus Seen und Moorgebieten. Die Landschaft mit ihren weiten und stillen Wäldern prägt eine Vegetation, die sich durch Umstände wie Waldbrände und alternden Baumbestand im Rhythmus der Natur verändert. Ein etwa 50 Kilometer langer Rundwanderweg führt durch die Landschaft, vorbei an Vogelschutzgebieten, die während der Brutzeit nicht betreten werden dürfen. Allerdings gibt es am Muddusluobal einen Aussichtsturm, von dem aus Hobby-Ornithologen die Vögel beobachten können. Auch Elche, Rentiere, Biber und Otter lassen sich entdecken, mit etwas Glück auch Bären oder Luchse. Die Wälder besiedeln Zwergbirken und Kiefern, eine reiche Artenvielfalt an Gräsern hat sich die weiten Sumpfgebiete erobert, ebenso Pflanzen mit Vorliebe für feuchten Untergrund wie Mädesüß. Aufmerksame Besucher finden immer wieder Hinweise auf die frühere Anwesenheit des Menschen in diesem Gebiet. Fundamente alter Siedlungen auf den Wiesen oder schwache Markierungen an Bäumen zeugen davon.

Die Natur im Muddus-Nationalpark verwandelt sich je nach Jahreszeit in ein farbenfrohes Meer aus Gräsern, Moosen und Bäumen. Im Winter sind die trockenen Flechtengebiete eine wichtige Nahrungsquelle für Rentiere.

PIELJEKAISE
Nationalpark

Hier lässt sich vor allem Stille genießen. Rund 50 Kilometer südlich des Polarkreises zeigt sich Lappland im Sommer und Herbst von seiner farbenprächtigen Seite: Blau glitzernde Seen, violette Heide und goldgelbe Birken – der Nationalpark Pieljekaise ist optisch ein Highlight. Nur zehn Kilometer südlich von Jäckvik gelegen, schlängelt sich eine Etappe des bekannten Fernwanderwegs Kungsleden durch den ursprünglichen Birkenwald und an kahlen Felsen vorbei. 1909 gegründet, ist das rund 153 Quadratkilometer große Gebiet ein unentdecktes Juwel, man trifft nur selten andere Wanderer und es liegt abseits öffentlicher Straßen. Daher wird der Bereich der »vergessene Nationalpark« genannt. Mit etwas Glück können Besucher einen Blick auf Vielfraße, Bären, Polarfüchse, Steinadler und Jagdfalken erhaschen. Die Samen haben dieser Region einen originellen Namen gegeben: Bieljijgájse, »Ohrenspitzen«, wie die beiden Berggipfel des Pieljekaise.

Die schlanken Stämme der Birken lassen am Boden genug Platz für Gräser.

Auf einen Blick

Lage: Lappland, in der Provinz Norrbottens län in der Gemeinde Jokkmokk
Größe: 493,4 km²
Gründung: 1942 (Erweiterung 1984)
UNESCO-Weltnaturerbe: seit 1996
sverigesnationalparker.se/park/muddus--muttos-nationalpark

Auf einen Blick

Lage: Lappland, in der Provinz Norrbottens län in der Gemeinde Arjeplog
Größe: 153,4 km²
Gründung: 1909
sverigesnationalparker.se/park/pieljekaise-nationalpark

SCHWEDISCHE SKANDEN

Der Begriff Skanden fällt bei den Skandinaviern kaum – so viel Ehrlichkeit muss sein. Stattdessen spricht man viel öfter von einzelnen Gebirgszügen, Gipfeln oder Hochregionen, die im Gesamten das Skandinavische Gebirge bilden. In Schweden sind die bekanntesten Gipfel wohl Kebnekaise, Sarektjåkka, Kaskasatjåkka und Akka. Dabei hat natürlich jedes Gebiet seine eigenen Vorzüge, eine eigene Natur, ein eigenes Profil. Kebnekaise ist Schwedens höchster Berg und kann eines überhaupt nicht leiden: wenn man ihn unterschätzt. Rund 150 Kilometer nördlich des Polarkreises gelegen, misst er zwar »nur« 2097 Meter in der Höhe, doch dank seiner Gletscherfelder kann man seine Unbarmherzigkeit durchaus mit Viertausendern vergleichen. Im Sarek-Nationalpark liegt der zweithöchste Berg des Landes, die Stortoppen des Sarektjåkka-Massivs. Mikkajekna und Suottasjekna sind nur zwei von zahlreichen Gletschern, die sich in dem Massiv finden lassen. An den Sarek-Nationalpark schließen gleich zwei weitere Nationalparks an, die von den Höhen der Skanden geprägt sind: im Westen der Padjelanta-Nationalpark, im Norden der Nationalpark Stora Sjöfallet, dessen Gipfel und gleichnamiges Massiv Akka nicht zuletzt durch Selma Lagerlöfs Erzählung über Nils Holgersson Berühmtheit erlangte.

Die Farbe Lila ist nicht gerade oft in der Natur anzutreffen, doch wenn sich über den Bergen Gewitterwolken zusammenbrauen, leuchtet manchmal der ganze Himmel in dieser Farbe, hier über dem Sarek-Nationalpark.

Völlig wolkenfrei trifft man den Sarek-Nationalpark selten an, denn die Wolken schmiegen sich gern an die hohen Berghänge.

SAREK
Nationalpark | UNESCO-Welterbe

Der Sarek-Nationalpark bietet dramatisch schöne Natur in all ihren Facetten, fernab von jeglichem Tourismus. Aus der Luft betrachtet, lässt sich der unbeirrte Lauf der Flüsse erkennen, die sich durch das satte Grün dieser Landschaft ziehen. Durch den Sarek-Nationalpark führen keinerlei Wege, die das Bild stören könnten. Kleine, aber auch größere Seen liegen türkisfarben wie Kleckse darin, hier bestimmt allein die Natur. Lapplands Wildnis zeigt sich dort von ihrer schönsten und unzugänglichsten Seite, in den riesigen stillen Wäldern und der endlosen sibirischen Taiga. Zusammen mit anderen Parks gehört auch der Sarek-Nationalpark zum UNESCO-Welterbe »Laponia«. Er gilt als der ursprünglichste Nationalpark Schwedens und bietet eine beeindruckende Mischung aus Hochebenen, Tälern mit Birkenwäldern und Gebirgszügen. Beinahe 100 Gletscher liegen in dieser Region.

Auf einen Blick

Lage: Lappland, in der Provinz Norrbottens län in der Gemeinde Jokkmokk
Größe: 1970 km^2
Gründung: 1909
UNESCO-Weltnaturerbe: seit 1996
sverigesnationalparker.se/park/sarek-national-park

Auf dem Gebiet des Sarek-Nationalparks liegen sechs der 13 höchsten Berge Schwedens. Der Park ist nicht ausgelegt für Tourismus: eine wilde und unberührte Landschaft, die das Volk der Samen seit Urzeiten besiedelt.

Eine der letzten wilden Regionen Europas wird von Tieren besiedelt, die der rauen Natur trotzen. Zu ihnen zählen Goldregenpfeifer, Lemminge, Alpenschneehühner (Bildleiste von oben) und die majestätisch imposanten Elche (links).

STORA SJÖFALLET
Nationalpark | UNESCO-Welterbe

Der Nationalpark Stora Sjöfallet liegt im Norden Schwedens und gehört zum »Laponia«-Welterbe. Seinen Namen hat das Naturreservat von dem Wasserfall Stora Sjöfallet. In der Sprache der Samen heißt er »Stuor Muorkke«, was »am großen Wasserfall« bedeutet. Früher stürzte der Fluss Akkajaure hier mit gewaltiger Wucht in die Tiefe. Heute wird der aufgestaute Fluss zur Energiegewinnung genutzt und durch ein unterirdisches Röhrensystem geleitet. Der Stausee selbst ist aus dem Nationalpark ausgegliedert. Einzigartig ist der Blick auf die »Königin Lapplands«, das Akka-Massiv. Der höchste Gipfel liegt auf 2015 Meter Höhe. Literarische Anerkennung fand das Bergmassiv bereits im Kinderbuchklassiker »Die wunderbare Reise des kleinen Nils Holgersson mit den Wildgänsen«: Der Name der Wildgans Akka von Kebnekaise ist von ihm inspiriert.

Auf einen Blick

Lage: Lappland, in den Gemeinden Jokkmokk und Gällivare in der Provinz Norrbottens län
Größe: 1278 km²
Gründung: 1909
UNESCO-Weltnaturerbe: seit 1996
storasjofallet.com

Hohe Berggipfel, gewaltige Wassermassen, wunderschöne Täler und uralte Wälder zeigen die ganze Bandbreite nordischer Schönheit.

Weißbirken

(Betula pendula, Betula alba)

Birken sind echte Pionierpflanzen, denn sie sind anspruchslos, was die Bodenbeschaffenheit angeht, und siedeln sich deshalb auch auf nährstoffarmem Untergrund an. Schlank und elegant wachsen die dünnen, weiß beborkten Stämme bis zu einer Höhe von 30 Metern in den Himmel und gelten ob des zarten Grüns ihrer Blätter als Frühlingsboten. Wer früher mit einem jungen Birkenzweig seine Äcker, Pflanzen oder Tiere berührte, hoffte damit, die vitale Fruchtbarkeit des Baumes übertragen zu können. In Skandinavien spielen Birken im Volksbrauchtum eine ähnlich wichtige Rolle wie hierzulande Eichen oder Linden. Junge Birkenrinde wurde früher auf vielfältige Weise verwendet und zum Beispiel zu Kleidung oder Geschirr verarbeitet. Gerollt und getrocknet spendete das gut entflammbare und lang brennende Holz Licht und Wärme. Auch als Heilmittel hat die Birke einiges zu bieten, denn ihre Blätter haben eine entwässernde Wirkung, die Nieren und Blase reinigt. Birkensaft galt schon bei den alten Germanen als Schönheitstrunk.

Birken gehören zu den schnell wachsenden Gehölzen mit einem oder mehreren Stämmen. Einzelne Bäume können bis zu 160 Jahre alt werden. Da gerade junge Bäume viel Wasser benötigen, findet man sie häufig in sumpfigen Gebieten.

PADJELANTA

Nationalpark | UNESCO-Welterbe

Padjelanta bedeutet in der Sprache der Samen »das höhere Land« – weiter nördlich geht es auch kaum in Schweden. Mit 1984 Quadratkilometern ist er der größte Nationalpark des Landes und gehört seit 1996 zum UNESCO-Welterbe »Laponia«. Er liegt an der Grenze zu Norwegen in der lappländischen Provinz Norrbottens län und ist ein wahres Paradies für Wanderer. Die ausgedehnten Gebirgsheiden des Nationalparks erstrecken sich um die beiden großen Seen Vastenjaure und Virihaure, Letzterer gilt als der schönste Schwedens. Die naturbelassene Region bietet Raum für ein reiches Tierleben. Mit etwas Glück lassen sich Polarfüchse oder Steinadler entdecken, auch Lemminge und Vielfraße. Die schützenswerte Flora besteht hauptsächlich aus Bergtundra, denn der größte Teil des Nationalparks liegt auf einem Hochplateau, 800 bis 1000 Meter über dem Meeresspiegel.

Auf einen Blick

Lage: Lappland, 25 km nordwestlich von Kvikkjokk
Größe: 1984 km^2
Gründung: 1962
UNESCO-Weltnaturerbe: seit 1996
sverigesnationalparker.se/park/padjelanta--badjelannda-nationalpark

Weitab von aller Zivilisation entfaltet die Natur ihren wahren Zauber. Vom Ufer des Sees Virihaure aus blickt man im Westen auf das Bergmassiv Sulidälbmá und auf norwegisches Grenzgebiet.

VADVETJÅKKA
Nationalpark

Der Vadvetjåkka ist Schwedens nördlichster Nationalpark, in dem auch der am weitesten im Norden gelegene Gletscher liegt. Abgelegen und einsam befindet sich die vergleichsweise kleine Gebirgslandschaft des Parks nordwestlich des Torneträsk. Seinen Namen trägt der Nationalpark nach dem Berg, der ihn hoheitlich überragt: der Vadvetjåkka. Die Rentierzucht ist in dieser Region seit Langem traditionell angesiedelt, das Gebiet des Nationalparks dient den Samen als Sommerweide für ihre Herden. Auf dem Gebiet des Parks sind einige der größten Grotten des Landes zu finden, und auch die mit 155 Metern tiefste. Das raue unwirtliche Klima, das vom Atlantik bestimmt wird, ist von häufigen Niederschlägen geprägt. Diese wiederum begünstigen aber auch eine reiche Artenvielfalt von Flora und Fauna. Auf dem Kalksteinboden gedeiht beispielsweise die in prächtigem Violett leuchtende Lappland-Alpenrose.

Steinadler, Schnee-Eulen (links unten) und Rentiere (oben) sind optimal an das entbehrungsreiche Leben in der Tundra angepasst.

Auf einen Blick

Lage: Lappland, in der Gemeinde Kiruna in der Provinz Norrbottens län
Größe: 26 km²
Gründung: 1920
sverigesnationalparker.se/park/vadvetjakka-national-park/

HELAGSFJÄLL

Nicht den höchsten Gipfel des Landes, dafür einige andere Superlative hat das Massiv des Helagsfjäll zu bieten: Der Helagsgletscher ist der südlichste Gletscher Schwedens, gemeinsam mit dem Sylarna ist es das südlichste Hochgebirge des Landes und immerhin ist der namensgebende Berg der höchste Schwedens südlich vom Polarkreis. Vergleichbar mit dem nordwestlichen Nachbar Sylarna, ist das Helagsmassiv oft ein ständiger Blickpunkt bei einer Wanderung auf dem südlichen Kungsleden, denn die Berge erheben sich wie unvermittelt am Horizont über die weiten Ebenen. Vom Gipfel des Helag blickt man hinab auf den rund 600 Meter langen Gletscher. Diesen Anblick sollte man für immer speichern, denn wie so vielen schwedischen Eisfeldern macht auch dem Helagsgletscher der Klimawandel stark zu schaffen und er verliert Jahr für Jahr an Volumen.

Auf einen Blick

Lage: im Nordwesten Härjedalens gelegen, unweit zur norwegischen Grenze und zum Sylarna

Egal ob es die Sonnenstrahlen sind, die sich ihren Weg durch ein Wolkenloch suchen, oder ob es Wolken sind, die sich über den weiten Ebenen bilden und an den Berghängen hängen bleiben: Das Wetter ist Stimmungsträger.

Dunkel dräuen die Wolken, doch die grüne Ebene scheint noch von einzelnen Sonnenstrahlen angeleuchtet zu werden.

TÖFSINGDALEN
Nationalpark

Kaum jemand wird je vom Töfsingdalen-Nationalpark gehört haben, denn er ist im Gegensatz zu berühmten Vertretern wie Abisko oder Sarek keine typische Destination für Wandertouren oder Campingausflüge. Nördlich von Idre gelegen, gilt der Park als schwer zugänglich. Es gibt, so sagt man, nur zwei Möglichkeiten, ihn auf natürlichem Wege zu erreichen: zu Fuß oder auf Skiern. Und selbst mit technischer Hilfe kommt man ausschließlich mit einem Hubschrauber zum Nationalpark. Dieser Umstand spiegelt sich in seiner Beschaffenheit wider, denn der Park ist der Inbegriff für ursprüngliche Natur und wildromantische Schönheit. Er ist Teil des Långfjällets-Naturschutzgebiets und Heimat für einige seltene Arten wie den Platanenblättrigen Hahnenfuß oder der Wolfsflechte. Die Tierwelt wird dominiert von scheuen Arten wie Braunbär, Steinadler und Vielfraß.

Auf einen Blick

Lage: knapp 40 km in nordwestlicher Richtung von Idre entfernt, unweit der norwegischen Grenze
Größe: 16,15 km^2
Gründung: 1930
sverigesnationalparker.se/de/nationalpark-wahlen/tofsingdalen-nationalpark

Der Himmel scheint zu brennen, wenn sich die Sonne wie hier über dem Töfsingdalen-Nationalpark in glühenden Farben dem Horizont entgegenneigt. Die einzigen Betrachter der Szenerie sind die Laub- und Nadelbäume.

Glücklicherweise gibt es im Töfsingsdalen-Nationalpark wie in Gesamtschweden genügend keine Seen, sodass sich die Sonne mit all ihren Farben jeden Abend in ihnen spiegeln kann.

FULUFJÄLLET
Nationalpark

Der Fulufjället hat eine Attraktion: den Njupeskär. Schwedens höchster Wasserfall stürzt im Nationalpark 125 Meter in die Tiefe – und zwar 90 Meter davon senkrecht. Die Schlucht liegt am nordöstlichen Rand des Fulufjäll-Gebirges und ist ein beliebtes Ziel für Wanderer. Das Naturschutzgebiet ist der größte Nationalpark Schwedens. Die Besucher kommen auch, um eine archäologische Stätte zu bewundern: ein kreisförmiges Steingebilde, »Altarringen«, dessen Bedeutung bis heute nicht geklärt ist. Vermutlich handelt es sich um eine historische Kultstätte. Mehr als die Hälfte des Naturparks ist von Tundra bedeckt, Flechten gedeihen prächtig, weil es keine Rentiere in dem Schutzgebiet gibt, die sie abfressen würden. Es kommen mehr als 800 Flechten- und Moosarten vor. Eine Flutwelle entwurzelte 1997 mehrere Tausend Hektar Baumbestand, der heute als Totholz ein wertvolles Biotop darstellt.

Nach seinem langen Fall in die Tiefe mündet das Wasser aus dem Bach Njupån in den Fluss Fuluälven.

Auf einen Blick

Lage: an der schwedisch-norwegischen Grenze, in der historischen Provinz Dalarna in der Gemeinde Älvdalen
Größe: 385 km^2
Gründung: 2002
sverigesnationalparker.se/park/fulufjallets-nationalpark

Einsamer Jäger: Luchse sind Einzelgänger und warten geduldig auf den richtigen Moment zum Angriff. Birk-, Hasel- und Moorschneehuhn gehören zur Gattung der Fasanenartigen und sind in ganz Skandinavien weitverbreitet.

VORLAND UND BOTTNISCHER MEERBUSEN

Wenn man Schweden in seiner Breite durchwandern möchte, ist es schlau, im Westen anzufangen und in Richtung Osten zu ziehen. Denn so kann man die anstrengenden Hochgebirgstouren schon bald hinter sich lassen, die Landschaft wird erst nur noch hügelig und dann immer flacher, bis sich schließlich wie die Erfüllung aller Versprechen das Meer unvermittelt vor einem ausbreitet. Das Gebiet östlich des Skandinavischen Gebirges wird als Vorland bezeichnet. Dem Ratschlag, im Westen zu beginnen, folgen auch die zahlreichen großen Flüsse Schwedens, die in den Skanden ihren Ursprung nehmen und sich unbeirrbar ihren Weg durch die Wälder der Hochebene in Richtung des Bottnischen Meerbusens suchen. Dort vermengt sich das Wasser von Ostsee, Indalsälven, Ume älv, Ljungan und vielen weiteren Flüssen, die, auf der Karte betrachtet, nahezu parallel verlaufen. Besonders im nördlichen Vorland gelten die Flüsse zu den naturbelassensten des Landes, das spiegelt auch die reiche Flora und Fauna wider, besonders Letztere auch unter der Wasseroberfläche. Der Bottnische Meerbusen reicht von der finnischen Inselgruppe Åland bis knapp an den Polarkreis. Gerade der nördliche Teil friert in den Wintermonaten zu – einem Spaziergang von Schweden nach Finnland steht dann nichts mehr im Wege.

Von oben betrachtet, scheint die Provinz von Norrbotten wie ein Miniaturbild der gesamten typisch schwedischen Natur: Wasser und Wald, so weit das Auge reicht. Dazu in weiter Ferne ein paar Gipfel am Horizont.

Der Bottnische Meerbusen fordert immer wieder gute Fernsicht ein, und nicht selten fragt man sich: Sieht man dort hinten am Horizont vielleicht schon Finnland?

STORFORSEN

Gerade hoch oben am Bottnischen Meerbusen haben die Flüsse eine große Bedeutung. Sie versorgen die Ostsee mit Süßwasser und tragen auf diese Weise maßgeblich dazu bei, dass sich die Natur genau so entwickelt, wie sie es in dieser Region tut. Dabei nehmen einige der Gewässer auf ihrem Weg vom Gebirge ins Meer durchaus Fahrt auf. Stromschnellen sind etwa im rund 400 Kilometer langen Piteälven zu finden, und zwar die größten Skandinaviens. Über fünf Kilometer brodeln die Storforsen gut 80 Meter bergab. Von gut ausgebauten Holzstegen lässt sich das Spektakel hautnah erleben. Besonders im Frühsommer wird es dann tosend laut, denn der Fluss führt zu dieser Zeit das meiste Wasser aus dem Gebirge in Richtung Meer. Der letzte Abschnitt des Storforsen überwindet auf einer Länge von nur zwei Kilometern imposante 60 Höhenmeter.

Auf einen Blick

Lage: knapp 40 km westlich der Stadt Älvsbyn, im Flusslauf des Piteälven

Leise ist der Piteälven nie, vor allem nicht, wenn er in den eindrucksvollen Stromschnellen Storforsen über die rund geschliffenen Steine springt, sich immer tiefer in enge Schluchten gräbt und an Laubwäldern vorbeirauscht.

Auf seinem Weg in Richtung Meerbusen passiert der Piteälv auch den Nationalpark Stora Sjöfallet (ganz links) sowie viele weitere Waldgebiete, in denen sich unter anderem Rehe sehr wohlfühlen.

BJÖRNLANDET
Nationalpark

Wie von Riesen hingeworfen sehen die hellen Felsen im Björnlandet-Nationalpark aus, die zwischen den Lärchen und Kiefern eine ganz eigene Landschaft formen. Sie zeugen von der Kraft des Eises, wenn im Winter das Wasser in den Felsspalten gefriert. Dann brechen Brocken aus dem Fels heraus und kullern schon mal ins nächste Tal. Im Süden Lapplands hat sich ein borealer Urwald mit Kiefern, Lärchen und Fichtensümpfen erhalten. Bedingt durch das raue Klima, zeigt sich die Flora eher artenarm und wird von Zwergsträuchern dominiert. Dem Namen Björnlandet, also Bärenland, nach müssten eigentlich Braunbären hier leben, doch sie sind nur selten zu sehen. Ganz verschwunden sind die Vielfraße, die früher hier häufig vorkamen. Zwischen den Farnen und Kronsbeersträuchern tummeln sich Marder und Schneehasen. Dreizehenspecht und Steinadler leben in den Baumkronen.

Auf einen Blick

Lage: Lappland, in der Provinz Västerbottens län in den Gemeinden Åsele und Oskarshamn
Größe: 11,3 km^2
Gründung: 1991
sverigesnationalparker.se/park/bjornlandets-nationalpark

Typische Haltung des Eichhörnchens bei der Nahrungsaufnahme: Mit den Vorderpfoten hält der Allesfresser seine Beute fest. Neben Beeren und Früchten stehen auch Vogeleier, Insekten oder Schnecken auf seinem Speiseplan.

Zugvögelarten wie Baumpieper, Berg- und Buchfinken (Bildleiste von oben) verlassen im Winter den eisigen Norden und kehren für die wärmeren Sommermonate an ihre Brutplätze zurück. Links: Marder, die zu den größten Feinden der Vögel gehören, ernähren sich in der entbehrungsreichen Winterzeit auch mal von Früchten und Nüssen.

HÖGA KUSTEN

UNESCO-Welterbe

Diese Rundhöckerlandschaft am Bottnischen Meerbusen wurde von der letzten Eiszeit geformt. Durch das Schmelzwasser der gigantischen Eisschilde stieg der Meeresspiegel um etwa 115 Meter an. Weite Teile des Landes lagen somit deutlich unter der Meeresoberfläche. Befreit vom Druck der Eislast, hob sich das Land allmählich, und die Schären tauchten aus dem Meer auf. Bis heute stieg die Region um 285 Meter, und der Vorgang dauert an: Um 93 Zentimeter wird der Untergrund pro Jahrhundert angehoben. Dadurch hat die Eiszeit hier nicht nur fruchtbare kalkhaltige Böden, sondern auch zahlreiche Gewässer hinterlassen. Mit den Süßwasserseen, dem Brackwassergebiet der flachen Meeresarme und küstennahen Inseln und der offenen Ostsee umfasst die Hohe Küste auf einem begrenzten Terrain drei in geologischer und biologischer Hinsicht aufschlussreiche Wassersysteme.

Auf einen Blick

Lage: in der historischen Provinz Västerbotten, in den Gemeinden Örnsköldsviks und Kramfors
Größe: 23,6 km^2
UNESCO-Weltnaturerbe: seit 2000
varldsarvethogakusten.se

Steile Granitklippen und felsige Inseln bilden die »Hohe Küste«. Sie ist Teil des Bottnischen Meerbusens. Seit der letzten Eiszeit strebt das Land aus dem Meer vertikal nach oben und ist die höchste Landerhebung der Welt.

SKULESKOGEN
Nationalpark | UNESCO-Welterbe

Karg und rau zeigt sich die Natur im Nationalpark Skuleskogen im bergigen Hinterland der Höga Kusten. Meer und Inlandeis haben tiefe Täler in die Landschaft gesprengt, die spektakuläre Ausblicke ermöglichen. Zum Beispiel in der Schlucht Slåttdalsskrevan, die sich als nur sieben Meter breite Spalte rund 200 Meter lang durch die Landschaft zieht. Senkrecht ragen ihre Wände zu beiden Seiten 40 Meter in die Höhe – ein imposantes Naturschauspiel. Am Ende des mit Gesteinsbrocken gespickten Weges wartet der See Tärnättvattnen. Die beinahe urwaldartig anmutenden dichten Wälder des Nationalparks entlang der Küste sind einzigartig in Schweden und vermitteln eindrucksvoll eine Ahnung davon, dass das Land einst sozusagen dem Meer entstiegen ist. Zum Glück hat sich diese Region von den radikalen Abholzungen erholt, denen sie Mitte des 19. Jahrhunderts zum Opfer gefallen war.

Auf einen Blick

Lage: in der historischen Provinz Ångermanland, in den Gemeinden Örnsköldsviks und Kramfors
Größe: 23,6 km^2
Gründung: 1984 (Erweiterung 2009)
UNESCO-Weltnaturerbe: seit 2000
sverigesnationalparker.se/park/skuleskogens-nationalpark

Krautige Pflanzen wie Wald-und Wiesen-Storchschnabel oder Buschwindröschen besiedeln die Täler und Wiesen des Nationalparks. Die hohen Laubbäume ragen allerdings über sie hinweg.

JÄMTLAND

Jämtland, so sagt man, hat fünf Jahreszeiten. Denn neben dem »normalen« Frühling herrscht in der Provinz noch zuweilen der Winterfrühling, und allgemein gilt die Region als eine der kältesten in ganz Schweden. Geprägt ist Jämtland seit jeher von den Sámi, und oft zählt hier nur eines: die Natur. Denn bis auf Östersund gibt es hier kaum größere Städte und wer hierherkommt, sucht die Weite, die Einsamkeit und die Ruhe in der Natur. Wandern, Kanufahren und Mountainbiken sind die beliebtesten Sommeraktivitäten, in der kalten Jahreszeit verwandelt sich die Provinz in ein Wintersportparadies. Die Naturverbundenheit ist kein Wunder. Die Luft ist sauber und die Landschaft vielfältig, Flora und Fauna sind so artenreich wie an wenigen Orten Schwedens. Braunbären, Elche, Polarfüchse, Rentiere und so weiter – die Liste der hier lebenden Tiere ließe sich schier endlos fortführen.

Auf einen Blick

Lage: an Lappland und Norwegen angrenzend, liegt im Südwesten des Landteils Norrland
Größe: 37 788 km^2

Kohlmeise, Grünfink und Gimpel (Bildleiste von oben) sind nur drei Beispiele für die reiche Fauna in Jämtland, durch das auch wilde Flüsse rauschen.

Links: Zwei Kleiber betrachten einen Pilz, als würden sie sich fragen, wie er so groß werden konnte – größer als sie selbst!

Fliegenpilze

(Amanita muscaria)

Wer kennt sie nicht, die Pilze mit den roten Kappen, die wie mit einem weißen Pinsel betupft worden sind? Und tatsächlich: Wenn es stark regnet, verschwinden die Punkte, sie werden wie Farbklekse abgewaschen. Allerhand Mythen und Legenden ranken sich um den farbenfrohen Waldbewohner, fast jede Kultur auf der Erde hat ihre eigenen Geschichten über den Fliegenpilz. Nicht selten stehen sie in Verbindung mit der giftigen Ibotensäure, die unter anderem zu Halluzinationen führt. In früherer Zeit nahm man gerade aufgrund dieser Wirkung die Pilze zu sich. Schweden gilt unter Kennern als Pilzparadies; man muss in einigen Gebieten kaum einen Kilometer weit laufen, um sich den Sammelkorb zu füllen – und Fliegenpilze machen da keine Ausnahme. Zahlreich stehen sie rot leuchtend im dunkelgrünen Gras. Aber auch in Jämtland weiß bereits jedes Kind: Finger weg und lieber Steinpilze sammeln! Den Namen erhielt der Fliegenpilz übrigens von dem alten Brauch, mit in Milch eingelegten Pilzstücken Fliegen zu betäuben und die Insekten so loszuwerden.

Selten allein, oft stehen sie in Gruppen zusammen, die Könige der Punkte im Wald. Auch in Jämtland findet man sie.

SONFJÄLLET
Nationalpark

Majestätisch erhebt sich der Berg Sonfjället über den Nationalpark, dem er auch seinen Namen verliehen hat. Dieses Gebiet hat eindrucksvolle geologische Formationen zu bieten, die das abfließende Schmelzwasser nach der Eiszeit ins Gestein gewaschen hat. Überbleibsel in Form von Felsblöcken aus dieser Zeit prägen das Erscheinungsbild der Landschaft und verleihen ihr einen ganz besonderen Charakter. Bekannt ist der Nationalpark aber vor allem wegen seiner Bewohner: Hier lebt die größte und zugleich südlichste feste Population an Braunbären in Schweden. In dem zu nahezu zwei Dritteln aus Wald bestehenden Park finden die Tiere reichlich Rückzugsmöglichkeiten. Nahe der Baumgrenze besteht der Wald vor allem aus Fjäll-Birken, wohingegen in feuchteren Gebieten wie der Ryåravinen-Schlucht Fichten wachsen. Einige der Bäume dort sind bis zu 250 Jahre alt.

Auf einen Blick

Lage: in der historischen Provinz Härjedalen, in der Gemeinde Härjedalen
Größe: 103 km²
Gründung: 1909
sverigesnationalparker.se/park/sonfjallets-nationalpark

Vielfraß und Braunbär fühlen sich in dem alten Nationalpark besonders wohl, denn der Großteil der Fläche ist bewaldetes Gebiet und damit ideal, um immer eine schnelle Rückzugsmöglichkeit zu finden.

Zwischen den zahlreichen Waldflächen finden sich immer wieder Lichtungen, auf denen Rentiere äsen (links).

MITTEL- UND SÜDSCHWEDEN

Verlässt man den hohen Norden des Landes, wird es zunehmend wärmer, zunehmend heller und zunehmend weniger einsam. Doch glücklicherweise kann man auch in diesem Teil Schwedens nicht von einer Überbevölkerung sprechen, sodass nach wie vor die Natur den Ton angibt und mit zahlreichen Seen, weiten Waldlandschaften und den zerklüfteten Küstenlinien Flora und Fauna Lebensraum bietet. Mittelschweden wird gebildet aus den drei »nördlichen« Provinzen Västmanland, Uppland und Dalarna sowie südlich davon Värmland, Närke und Södermanland. Svealand, wie dieser Teil oft genannt wird, ist zweifelsohne am meisten durch seine Seen geprägt, zwischen denen sich große und kleine Flüsse wie die Fäden eines Spinnennetzes erstrecken. Die größten Binnengewässer Mittelschwedens sind Vänern, Hjälmaren und Mälaren. Der zweitgrößte See des Landes, der Vättern, ist hingegen zum größten Teil von südschwedischen Provinzen umgeben. Auch diese sind durch das Wasser charakterisiert, aber nicht durch die Binnengewässer, sondern durch Skagerrak und Kattegat – die Teile der Nordsee zwischen Dänemark und Schweden – und die Ostsee, in der mit Gotland und Öland auch die größten Inseln des Landes liegen. Das Inland Südschwedens ist ein Flickenteppich aus Laubwäldern und Feldern.

Sanfte Hügel, kristallklare Seen, feine Sandstrände und grüne Wiesen und Wälder charakterisieren den südlichen Landesteil Schwedens.

Die Sonne glitzert auf der spiegelglatten Fläche des Vänern (links) ebenso schön wie auf der des Lelång (oben).

FÄRNEBOFJÄRDEN
Nationalpark

Viele Seen, weitläufige Feuchtgebiete, reißende Wildwasser und tiefe Wälder – der Nationalpark Färnebofjärden hat einiges an Abwechslung zu bieten. Der Unterlauf des Dalälven tritt in den flachen Ebenen des nördlichen Uppland und des südlichen Gästrikland immer wieder über die Ufer und prägt dadurch die Landschaft. Die biologische Nordlandsgrenze »Limes Norrlandicus« verläuft hier, und der Wechsel von Flora und Fauna von süd- zu nordschwedisch ist allgegenwärtig. Der Nationalpark ist vor allem für seinen überaus reichen Vogelbestand bekannt: Innerhalb seiner Grenzen leben 205 Vogelarten, von denen fast die Hälfte auch regelmäßig hier brütet. Für Ornithologen also ein wahres Königreich, aber auch Angelfreunde kommen voll auf ihre Kosten: Hecht, Barsch und Zander finden hier optimale Lebensbedingungen, genauso wie Aland, Brachse und Rotfeder.

Auf einen Blick

Lage: am Unterlauf des schwedischen Flusses Dalälven, durch die Ebene des nördlichen Uppland und des südlichen Gästrikland
Größe: 101 km^2
Gründung: 1998
sverigesnationalparker.se/park/farnebofjardens-nationalpark

Eulenarten wie der Bartkauz finden ideale Lebensbedingungen in borealen Nadelwäldern. Fasane brauchen weite Flächen oder lichte Unterhölzer und Feuchtgebiete zur Nahrungssuche, die ausreichend Deckung bieten.

Grenzgebiet zwischen Nord und Süd: Die Veränderung des Waldbestands weist die Richtung.

STOCKHOLMER SCHÄRENGARTEN

Der Stockholmer Schärengarten besteht aus ungefähr 30 000 Inseln, Schären und Felsen, die sich 80 Kilometer weit vom Stadtzentrum hinaus in die Ostsee erstrecken. Einige sind große, bewohnte Inseln, andere ähneln eher felsigen Außenposten oder grasbewachsenen Kuppen, die nur von Seehunden oder Kajakfahrern okkupiert werden. Nur gut 150 Inseln sind dauerhaft das ganze Jahr bewohnt. Die beste Art, den Schärengarten, oder »skärgården«, wie ihn die Schweden nennen, zu entdecken, ist mit der Fähre. Von Stockholm aus fahren täglich zahlreiche Fährschiffe in die Inselwelt hinaus. Allerdings werden nur die größeren Eilande angefahren. Die anderen Inselchen sind nur mit dem eigenen, einem gemieteten Boot oder mit dem Wassertaxi erreichbar. Viele Stockholmer besitzen hier ein Ferienhaus – mal einfache, rote Häuschen mit einem Zimmer bis hin zur Mehrzimmer-Villa mit eigenem Meerwasserpool.

Auf einen Blick

Lage: im Osten Stockholms erstreckt sich der Schärengarten in die Ostsee

Auch wenn der Schärengarten für Einheimische ebenso wie für Urlauber zu den beliebtesten Destinationen zählt, findet man immer einen ruhigen Ort, an dem man die Idylle der Inselchen ganz auf sich wirken lassen kann.

TIVEDEN
Nationalpark

Nur etwa 150 Kilometer südwestlich von Stockholm, genauer gesagt zwischen den Seen Unden und Vättern, liegt der Tiveden-Nationalpark. Ein Erdstück im Vättern ist heute die Insel Visingsö, um die sich viele Legenden ranken, und der ausgegrabene Boden ließ das Tivedstal entstehen. Lange galt der dichte Wald dort auch als Heimat der Trolle. Kein Wunder, denn das wilde, unzugängliche Terrain ist vor etwa einer Milliarde Jahren entstanden, als der Granitgrund tiefe Risse bekam; Überreste bis heute sind die vielen Risstäler, die sich auf dem Gelände des Nationalparks finden. Die Eiszeit ließ außerdem riesige Findlinge übrig, und auch die großen Steinblöcke sind Moränen aus der letzten Eiszeit. Seit dem Jahr 1983 steht der Tiveden unter Naturschutz. Heute durchziehen den ruhigen Park 25 Kilometer ausgeschilderte Wanderwege.

Auf einen Blick

Lage: in der historischen Provinz Västergötland zwischen den Seen Vänern und Vättern
Größe: 13,5 km^2
Gründung: 1983
sverigesnationalparker.se/park/tivedens-nationalpark

Verwunschen und geheimnisvoll wirken die tiefen Wälder des Tiveden-Nationalparks. Unbeeindruckt von aller Mystik genießen Biber die Vorzüge ihres Lebensraums.

Die Gegend des Tiveden-Nationalparks ist bekannt für ihren weiten Kiefernwald, in dem tiefblaue Seen ruhen und riesige Grantifelsblöcke von Moos verziert werden.

VÄNERN
UNESCO-Biosphärenreservat

Der Vänern ist ein Meer mitten im Land, denn dieser See ist zehnmal so groß wie der Bodensee, sein Wellengang oft rau wie auf offener See. Das gegenüberliegende Ufer ist nicht zu sehen – zu groß ist dieser Binnensee. Er hat einen Schärengarten und ist mit seinen Uferzonen aus Wäldern und wilden Wiesen ein Paradies für Ornithologen. Das Highlight findet jedes Jahr im April statt: In den Schilfgürteln führen Kraniche ihren spektakulären Paarungstanz auf. Ende Mai wird es sportlich an Europas drittgrößtem See: Das Radrennen Vänern Runt führt einmal rundherum, die Sportler haben am Ziel 580 Kilometer in den Beinen. Ganz im Süden wartet das Märchenschloss Läckö. Es steht auf der Halbinsel Kållandsö und war im 13. Jahrhundert ein Bischofssitz. Von König Gustav Vasa im 16. Jahrhundert konfisziert, wurde es zum prunkvollen Barockschloss mit 248 Räumen ausgebaut.

Auf einen Blick

Lage: im Südwesten von Schweden zwischen den historischen Provinzen Dalsland, Värmland und Västergötland
Größe: 5650 km^2
Anerkennung als UNESCO-Biosphärenreservat: 2010
www.lakevanern.se/de

Einst war der Vänern mit dem Meer verbunden, was die ungewöhnliche Artenvielfalt von Flora und Fauna in dieser Region erklärt: Trotz Süßwassers siedelten sich hier marine Lebensformen an.

Aus der Luft betrachtet, sind die im Vänern gelegenen Inseln und Schären gut zu erkennen. Bei Mariestad laden flache Felsen und Badestrände zum Verweilen ein.

TRESTICKLAN
Nationalpark

Der Nationalpark Tresticklan liegt im Nordwesten Dalslands an der Grenze zu Norwegen. Im Jahr 1996 eingerichtet, gehört er mit seinen knapp 29 Quadratkilometern Fläche zu den größeren der insgesamt 29 schwedischen Nationalparks. Der Name Tresticklan bedeutet »Dreizack« und rührt wahrscheinlich von der eigentümlichen Form des Sees Stora Tresticklan her. Die Bewegung der Gletscher in der letzten Eiszeit hat die Landschaft geformt. Sie hat Risse und Spalten in den Felsen entstehen lassen, in denen heute kleine Wasserflächen zu finden sind. Wer durch den hiesigen Wald wandert, kommt immer wieder an bizarren, mit Gras und Moos bewachsenen Uferlinien eines Gewässers vorbei. In den lichten Wäldern stehen Kiefern, Birken, Espen und Fichten, einzelne Bäume sind hier sogar über 250 Jahre alt. Der Rundweg Tresticklaleden führt durch den Park.

Faszination Natur: Ein Fischadler greift eine Regenbogenforelle von der Wasseroberfläche und trägt sie in seinen Krallen davon. Der Forelle bleibt keine Hoffnung auf Überleben.

Auf einen Blick

Lage: im nordwestlichen Dalsland an der Grenze zu Norwegen in der Gemeinde Dals-Ed
Größe: 28,97 km²
Gründung: 1996
sverigesnationalparker.se/park/tresticklans-nationalpark

Selbst bei aufziehenden Regenwolken verliert der Tresticklan-Nationalpark keineswegs seinen Reiz. Der namensgebende See ist dicht umstanden von hohen Bäumen, die Steine am Ufer sind bewachsen mit Moos und Gräsern.

NORRA KVILL
Nationalpark

Jetzt müsste nur noch ein Troll hinter einem der bemoosten Steine hervorblicken, und die Märchenkulisse wäre perfekt. Doch eigentlich ist der Nationalpark Norra Kvill auch ohne Fabelwesen schon märchenhaft genug.

Norra Kvill ist ein Urwald: Seit mehr als 150 Jahren hat dort kein Mensch mehr zu Säge oder Axt gegriffen, und genau dies ist bis heute auch so gewünscht. Die ältesten Nadelbäume sind rund 350 Jahre alt und haben die beeindruckende Höhe von 35 Metern erreicht. Dort steht auch die dickste Eiche Europas: Für ihre 15 Meter Umfang hat sie rund 900 Jahre zum Wachsen gebraucht. Umgestürzte Bäume gehören ebenso zu dieser Wildnis wie quer wachsende Äste, bemooster Waldboden und kleine Seen. Das Gebiet ist hügelig, die höchste Erhebung ist der Berg Idhöjden mit etwa 230 Metern. Überall sind Felsbrocken in der Landschaft verstreut. Auch zwei Seen liegen in dem Gebiet. Der Nationalpark Norra Kvill liegt in der Gemeinde Vimmerby in Småland und ist 1,14 Quadratkilometer groß. 1927 zunächst mit einer Fläche von nur 27 Hektar eröffnet, wurde er 1994 auf die heutige Größe erweitert.

Auf einen Blick

Lage: in der historischen Provinz Småland, in der Gemeinde Vimmerby
Größe: 1,14 km^2
Gründung: 1927 (Erweiterung 1989)
sverigesnationalparker.se/park/norra-kvills-nationalpark

Seinen originellen Namen verdankt der Haubentaucher dem auffälligen Kopfschmuck, den er im Sommer trägt. In dem Überangebot Schwedens an Seen fühlt er sich wohl, auch die Flüsse gehören zu seinen Aufenthaltsorten.

BLÅ JUNGFRUN
Nationalpark

Der Sage nach treiben auf dieser sich einsam aus dem Meer erhebenden Insel Hexen und Zauberer ihr Unwesen. Lange mieden Seefahrer deshalb die Gewässer rund um die unbewohnte Insel, die für die Schweden so etwas wie der Blocksberg ist. Die ungewöhnliche, graublaue Silhouette der »Blauen Jungfrau« erhebt sich 86 Meter hoch aus dem Wasser des Kalmarsunds – große, verblockte Granitfelsen, die das Eis im Laufe von Jahrtausenden

glatt poliert hat. Schroffe Felsen im Norden und üppige Edellaubwälder im Süden bieten Pflanzen und Tieren abwechslungsreichen Lebensraum. Die Wälder besiedeln seltene Käferarten, den Luftraum beherrschen Seeadler und Strandpieper. Gryllteisten, die zur Familie der Alkenvögel gehören, sind auf der Insel heimisch. Ein kulturhistorisches Denkmal, das 1745 zum ersten Mal erwähnt wurde, hinterließ der Mensch in Form eines Steinlabyrinths.

Gryllteisten sind nicht nur gute Taucher, sondern auch geschickte Flieger.

Gleich zwei Namen trägt diese uralte Eiche in der Nähe des Nationalparks Norra Kvill: Rumskullaeken oder Kvilleken. Ihr Alter wird auf 900 bis 1000 Jahre geschätzt – es gibt in Schweden kaum Bäume, die noch älter sind.

Auf einen Blick

Lage: zwischen der Ostseeküste Schwedens und der Nordspitze der Insel Öland, in der Gemeinde Oskarshamn
Größe: 0,66 km^2
Gründung: 1926
sverigesnationalparker.se/park/bla-jungfrun-nationalpark

BLEKINGE ARKIPELAGO
UNESCO-Biosphärenreservat

Als erstes Biosphärenreservat in Schweden hat das Blekinge-Archipel den schützenswerten Lebensraum der Ostsee im Fokus, weshalb auch etwa zwei Drittel aus Meer bestehen. Im Reservat leben etwa 85 000 Menschen entlang der dicht besiedelten Küstenlandschaft. Biologisch und kulturell sucht die Region weltweit ihresgleichen: Die Laubwälder in dieser Region sind die Heimat uralter und mächtiger Bäume, die zahlreichen vom Aussterben bedrohten Insekten- und Flechtenarten den notwendigen Lebensraum bieten. Hier fließt der Fluss Mörrumsån in die Ostsee, in dessen Gewässer Lachse leben. Der Mensch hat im Blekinge-Archipel seit Langem seine Spuren hinterlassen. Uraltes Wissen um traditionelles Handwerk wie Fischerei, Bootsbau und Landwirtschaft wird in dieser Region gepflegt und behütet. Es soll im Sinne der Nachhaltigkeit im Reservat ebenso geschützt werden wie die Natur selbst.

Majestätisch und kraftvoll zieht der Seeadler hoch am Himmel seine Kreise. Beinahe durch den Menschen ausgerottet, nimmt die Zahl der Tiere seit den 1980er-Jahren glücklicherweise wieder stetig zu.

Auf einen Blick

Lage: in der historischen Provinz Blekinge, östlich von Listerland in den Gemeinden Karlshamn, Ronneby und Karlskrona
Größe: 2100 km^2
Anerkennung als UNESCO-Biosphärenreservat: 2011
www.blekingearkipelag.se

KRISTIANSTADS VATTENRIKE
UNESCO-Biosphärenreservat

Der Wachtelkönig, die Flussperlmuschel und der Kabeljau sind nur drei Vertreter der 22 Arten, die auf der Roten Liste der Weltnaturschutzunion stehen: Im Biosphärenreservat Kristianstads Vattenrike kommen sie noch ganz natürlich vor. Mit 2,41 Metern unter dem Meeresspiegel liegt das Reservat am tiefsten Punkt Schwedens. Seine weiten Feuchtgebiete bieten über 100 Vogelarten geeignete Brutplätze, und in seinen Binnengewässern leben über 30 Fischarten, die im Süßwasser beste Bedingungen zum Laichen vorfinden. Nahezu die ganze Region rund um die Stadt Kristianstad gehört zum Biosphärenreservat, vom Waldgebiet im Norden über die Feuchtgebiete des Flusses Helgeån bis zur Hanöbucht bei Åhus. Die gut erhaltene Kulturlandschaft und der Wille der Bevölkerung, die Natur durch einen nachhaltigen Umgang erhalten und zu schützen, beschert nicht nur dem Umweltschutz, sondern auch dem Tourismus in dieser Region positiven Zulauf.

An Land, im Wasser oder auf dem Grunde des Sees: Das Gleichgewicht des Ökosystems zu schützen, ist die Hauptaufgabe des Reservats.

Auf einen Blick

Lage: vom Süden Kristianstads in Ostschonen bis zur Hanöbucht in der Provinz Skåne
Größe: 1043,75 km^2
Anerkennung als UNESCO-Biosphärenreservat: 2005
www.vattenriket.kristianstad.se

Seit dem Jahr 1972 ist die Insel Öland mit dem Festland verbunden. Die sechs Kilometer lange Brücke führt über den schmalen Kalmarsund, der das beliebte Sommerziel vom Festland trennt. Aufgrund seiner zahlreichen Sandstrände bietet sich das Eiland optimal für einen Badeurlaub an, auch die schwedische Königsfamilie verbringt hier gern ihren Sommerurlaub. Das flache Eiland lädt zu Radtouren ein, die zu den Wahrzeichen der Insel, den Windmühlen, führen. Einst gab es 2000 davon, heute sind noch 400 erhalten. Besonders sehenswert ist darüber hinaus die Rekonstruktion der Burg Eketorp, in der man den Alltag vor rund 1500 Jahren erleben kann, sowie das Gettlinge-Gräberfeld mit seinen rund 200 Gräbern aus der jüngeren Bronze- und Eisenzeit. Trotz der tiefen Verbundenheit mit Kulturgeschichte ist Ölands Natur nicht zu missachten. Die Landschaft ist von kargem Charme und wirkt südländisch, nahezu mediterran. Die einzigartige Heidelandschaft, die Stora Alvaret, wächst auf einem Bett aus Kalkstein. Weder Bäume noch Büsche können sich hier halten. Schutzgebiete wie Böda mit seinen alten Eichen, Ottenby mit seinem Vogelreichtum und die Rauken am Strand von Byrum sind nur drei Beispiele für Ursprünglichkeit auf der Insel. Orchideenliebhaber sind im südlichen Teil der Insel richtig.

Im 17. Jahrhundert – so belegen schriftliche Quellen der Zeit – wurde im Ottenby-Schutzgebiet eine Herde Damhirsche angesiedelt. Und so ist Öland bis heute von den Tieren mit dem stolzen Geweih bevölkert.

Carl von Linné verglich die bizarren Steinformationen mit »Statuen, Pferden und allerlei Geistern und Teufeln«, die Wissenschaft kennt den Namen Rauken für die – auch Ölands Strand charakterisierende – Kalksteinsäulen.

GOTLAND

Gotland ist vor allem eine Insel für Golfer. Doch die mit 3140 Quadratkilometern größte Insel der Ostsee hat noch viel mehr zu bieten. Geologisch gesehen, hat das Eiland eine echte Vergangenheit, ist Gotland doch rund 400 Millionen Jahre alt und einst aus einem Korallenriff entstanden. Zu Wahrzeichen sind die seltsam geformten Felsennadeln, die »Raukar«, geworden. In der letzten Eiszeit entstanden, haben Wind und Wetter sie bizarr geschliffen. Kein Wunder, dass sich Mythen um sie ranken. Eine der schönsten Küsten Gotlands ist die an der Westküste gelegene Küste Eksta, die sich vom Kap Hammarudda nach Norden zieht. In dem Naturschutzgebiet gedeihen duftende Kräuter, blühen Orchideen in Lila und Blau – rund 40 verschiedene Arten sind auf dem Eiland zu finden. Die Ekstakusten ist geprägt von Kieselstränden und den bizarren Kiefern, die sich dem Wind zwar beugen, aber nicht brechen. Das Klima ist einzigartig für Schweden: So warm und sonnig ist es sonst nirgends. Wie eine kleine Schwester drängt sich im Norden die Insel Fårö an Gotland an. Mit einer Fläche von 113,3 Quadratkilometern ist sie zwar deutlich kleiner als Gotland, doch die Natur hat es in sich. Kiesstrände, karge Böden und mehrere Binnenseen machten Landwirtschaft seit jeher schwierig.

Wildromantisch präsentieren sich Gotlands Küsten. Windzerzaust stehen die Bäume in der ersten Reihe, ein Leben lang Meerblick ist somit garantiert (linke Seite). Unten: Bunt leuchtet der Fasan mit dem grünen Gras um die Wette.

Farbenvielfalt ist diesen Schmetterlingen kein Fremdwort: Wundklee-Bläuling (ganz links) und Großer Sonnenröschen-Bläuling (links).

GOTLAND

Der Kalkstein, aus dem die Raukar bestehen, entstand vor rund 490 Millionen Jahren aus einem Korallenriff. Zu jener Zeit waren das heutige Baltikum und die Ostseeinseln von einem tropischen Ozean bedeckt.

Raukar

Vor allem an den Küsten von Gotland, aber auch in den Wäldern im Landesinneren ragen bizarre, bis über zehn Meter hohe Kalksteinsäulen, im Schwedischen »Raukar« genannt, in den Himmel. Die sehenswertesten Exemplare stehen im Norden von Gotland und auf Fårö. Die »Jungfrau« an der Steilküste bei Lickershamn ist mit sieben Metern der größte Rauk Gotlands, weitere findet man in den Kiefernwäldern. Der bekannteste Rauk ist der an der Südwestspitze in Hoburgen befindliche »Hoburgsgubben« (»Hoburg-Greis«). Auf Fårö sollte man sich das mehrere Kilometer lange Naturreservat Digerhuvud nicht entgehen lassen. Die Rauksteine stehen hier in großer Zahl und unterschiedlichsten Formen zum Teil im Wasser. Auch im Naturreservat Langhammars auf Fårö findet man ein großes Raukgebiet.

Der beständig blasende Wind türmt die Sanddünen der Insel teilweise bis zu 40 Meter hoch auf. Das Erscheinungsbild der Landschaft ist deshalb im ständigen Wandel. Scheinbar gelassen sieht das diese Kegelrobbe.

GOTSKA SANDÖN
Nationalpark

Wer mit dem Boot hierher fährt, landet direkt am Strand. Denn auf dieser kleinen Insel in der Ostsee gibt es keinen Hafen. Das Eiland ist eines der abgeschiedensten Fleckchen inmitten der Ostsee. Der Nationalpark liegt auf der gleichnamigen Insel Gotska Sandön nördlich von Gotland. Nur 85 Kilometer trennen ihn vom schwedischen Festland, dennoch wirkt das Eiland einsam, mutet eher karg an und zeigt sich aus der Entfernung recht flach. Doch beim Erkunden fällt auf, wie hügelig die Insel eigentlich ist. Lange Sandstrände und viel Kies, dahinter mit Gras bewachsene Dünen und Kiefernwald sind die Naturelemente, die diese Insel und das Schutzgebiet landschaftlich prägen. Der beständige Wind hat die Insel geformt und tut das auch heute noch unablässig. Hunderte Insektenarten leben in dem Naturschutzgebiet, außerdem eine streng geschützte Robbenkolonie.

Auf einen Blick

Lage: 40 km nördlich der Insel Fårö in der Provinz Gotland
Größe: 44,9 km^2
Gründung: 1909
sverigesnationalparker.se/park/gotska-sandons-nationalpark

SKAGERRAKKÜSTE

Dänemark, Norwegen und Schweden teilen sich den Skagerrak, jenen Teil der Nordsee, der sich zwischen den Punkten Lindenes, Hanstholm, Skagen, Pater-Noster-Leuchturm und Oslo befindet. Für Schweden läuft der Skagerrak hauptsächlich an der Provinz Bohuslän entlang. Und wie nicht anders von einer schwedischen Küste zu erwarten, dominieren auch hier die Schären das Bild. An die 8000 kleine Inselchen verteilen sich in dem recht kühlen Wasser. Pittoreske Fischerdörfer wie Fjällbacka verströmen ihren Charme und den Geruch frisch zubereiteter Delikatessen aus dem Meer. Bei Spaziergängen entlang der Küste wird man immer wieder vor Felsschluchten stehen, in denen nicht selten einzelne Felsbrocken wie festgefroren zwischen den Felswänden hängen. Einer davon ist der Kungsklyftan. Der Berghang liegt eingeklemmt zwischen dem Meer und einer 76 Meter hoch aufragenden Felswand. Fans von Astrid-Lindgren-Verfilmungen werden den Ort wohl sofort erkennen, denn in »Ronja Räubertochter« war Kungsklyftan als Wolfsschlucht zu sehen. Alles in allem wirkt die Skagerrakküste oft etwas verschlafen, vielleicht liegt das an der Gemütlichkeit der wenigen Einwohner, vielleicht auch an der Landschaft, die immer wieder zum Träumen einlädt.

Als hätte ein Riese mit Kieselsteinen an einem Seeufer gespielt und sie dann einfach liegen gelassen – diesen Eindruck bekommt man, wenn man an Schwedens Westküste steht und den Blick über die Felsen schweifen lässt.

Dieses blühende Tussock-Gras beweist, dass blühendes Wachstum auf einem kargen Felsen durchaus möglich ist.

KOSTERHAVET
Nationalpark

Rund um die Kosterinseln an der Westküste liegt Schwedens artenreichstes Meeresgebiet: der Nationalpark Kosterhavet. Im September 2009 weihte man ihn als erstes marines Naturschutzgebiet ein und stellte damit eine große Fläche unter staatliches Protektorat. Nur zwölf Quadratkilometer davon bestehen aus Land. Im Norden schließt sich der norwegische Nationalpark Ytre Hvaler an, die Parks sind somit 719 Quadratkilometer groß und bilden ein Meeresbiotop. Auch der Koster-Fjord liegt in dem Gebiet, Forscher fanden 200 Tier- und Pflanzenarten, die sonst nirgends in Schweden vorkommen. Beispielsweise gibt es ein Riff mit Glaskorallen, Armfüßern und Schwämmen. Der Fjord ist mit der Norwegischen Rinne verbunden, durch die Wasser des Atlantiks hereinströmt. Mit Glück treffen Besucher des Parks hier auf Seehunde, denn im Kosterhavet lebt der größte Bestand im Skagerrak.

Auf einen Blick

Lage: an der Westküste in der historischen Provinz Bohuslan, in den Gemeinden Strömstad und Tanum
Größe: 388,78 km^2
Gründung: 2009
sverigesnationalparker.se/park/kosterhavets-nationalpark

Über und unter Wasser findet man die einzigartige Natur des Nordens. Die Küstenseeschwalbe zieht hier ungestört ihre Kreise.

Bildleiste oben: Schlehdorn und Geißblattgewächse locken mit intensiven Farben. Links: Stimmungsvolle Szenerie: Bei Sonnenaufgang schimmern Wasser und Felsen im Sonnenlicht.

TJURPANNAN
Naturreservat

Hart schlagen die Wellen an die steinige Küste des Naturreservats Tjurpannan, denn hier gibt es kaum vorgelagerte Inseln, die dem Meer und Wind seine Kraft zumindest etwas nehmen könnten. Jahrhundertelang fürchteten sich Seefahrer aus diesem Grund auch vor dem Passieren der Region. Im Kontrast zu dieser rauen Küste, die insbesondere bei stürmischem Wetter gleichzeitig ein einmaliges Erlebnis, aber auch mit Vorsicht zu genießen ist, steht das Inland des Tjurpannan. Hier trifft

man auf Sümpfe, Wiesen und Heideflächen. Zu den hiesgen Pflanzen gehören Arten wie Strand-Platterbse, Austernpflanze und Gelber Hornmohn. Da die Küste so flach abfällt, hat man auch von den erhöhten Positionen hinter der Küste noch gute Ausblicke auf die offene See im Skagerrak.

Auf einen Blick

Lage: an der Küste Bohusläns gelegen, westlich von Grebbestad
Größe: 4,99 km^2
Gründung: 1968
www.lansstyrelsen.se/vastra-gotaland/besok-och-upptack/naturreservat/tjurpanneomradet.html

Weiß schäumend und lautstark rauschend brechen die Wellenkämme über die rund geschliffenen Steine herein. Und ehe man sich's versieht, haben sie ihren Rückweg ins Meer angetreten, das golden im Abendrot leuchtet.

GRANITKÜSTE VON BOHUSLÄN

Wenn sich in der Wissenschaft der Name eines Ortes für eine ganz andere Sache niederschlägt, hat das eine Bedeutung. In Schwedens Westen ist das das Fall mit dem Granit, der hier so besonders ist, dass er als Bohus-Granit internationale Bekanntheit erlangte und aufgrund seiner Widerstandsfähigkeit weltweit begehrt ist. Und wenn man die Küste der Provinz Bohuslän bereist, muss man auch nicht lange suchen, um den speziellen Stein zu finden, denn im Wesentlichen ist die komplette Küstenlinie daraus gebildet. Faszinierend ist, dass der Stein auch unter dem Meer vorhanden ist; bis zu 80 Kilometer weiter im Westen besteht der Meeresboden des Skagerrak noch immer aus Granit, der vor immerhin rund 920 Millionen Jahren entstanden ist. Dass er mit diesem Alter unter den schwedischen Gesteinen zu den Jünglingen gehört, klingt unglaublich.

Auf einen Blick

Lage: von Göteborg bis an die Grenze zu Norwegen verläuft die Küstenlinie der Provinz Bohuslän

Von rötlichen Tönen bis zu dunklerem Grau reicht das Farbspektrum des Bohus-Granits, das immer wieder schöne Kontraste zu dem Dunkelblau der Nordsee bildet. Um die weiße Farbe streiten sich Wolken und Hütte.

Wenn die Sonne fast den Horizont überschritten hat, wirkt das Meer bei Windstille wie ein glatter Spiegel, auf den die dunklen Felsen nur aufgelegt sind.

Dunkle Wolken überziehen den Schärengarten vor der Küste Göteborgs. Trotzdem – oder vielleicht gerade deswegen – strahlt die Szenerie eine beruhigende, fast andächtige Stimmung aus.

Den Namen Kattegat hat das Meeresgebiet aufgrund seiner schmalen Fährwasser erhalten, die nach Seefahrerurteilen so schmal wie ein »Katzenloch« seien. Unzählige Schiffswracks am Grund zeugen von der schlechten Befahrbarkeit der Meerenge zwischen Schweden und Dänemark, die mit viele Untiefen gespickt ist. Gerade im Süden in der Gegend von Halland erstrecken sich flache Gebiete, die maximal 60 Meter in die Tiefe reichen. Gleichzeitig ist das Gewässer ein Schatz der Artenvielfalt. Neben zahlreichen Fischen sind hier auch Hummer zu Hause. Weiter nördlich – rund um und vor Göteborg – wird der Sandstrand, der weite Teile der südlichen Küste bedeckt, von einem glazial entstandenen Schärengarten abgelöst. Die vielen kleinen, der Küste vorgelagerten Inseln sind gesäumt von riesigen Steinen, die über Jahrmillionen von den Gletschern der Eiszeit glatt geschliffen wurden. Zudem erreicht das Wasser hier durch das Abfallen der Norwegischen Rinne Tiefen von bis zu 600 Metern.

Die untergehende Sonne verleiht der zerklüfteten Steinlandschaft an der Küste der Kattegat einen zarten Schimmer von Rosa. Das Kattegat gehört zu den schwierigsten Segelrevieren. Seine Untiefen und das stellenweise sehr schmale Fahrwasser brachten ihm seinen Namen ein.

HOVS HALLAR
Naturschutzgebiet

An der nördlichsten Spitze der Bjäre-Halbinsel erwacht eine märchenhafte Landschaft zum Leben, die man sich so nur im fantasievollsten Traum ausmalen kann. Die Küste des Naturschutzgebietes Hovs Hallar ist bekleidet mit steilen Klippen, die eine Höhe von bis zu 30 Metern erreichen, versteckten Höhlen, sonnengewärmten Bouldern und scharfkantigen Felsnadeln,

die sich majestätisch aus dem Wasser erheben. Ein Paradies für Abenteurer und Entdecker. Die meist rötliche Farbe der spektakulären Felsformationen entstand, als vor Millionen von Jahren Magma durch die Erdkruste drang und schließlich abkühlte. Die Elemente Wasser und Luft verliehen der schroffen Küstenlandschaft den dramatischen Schliff.

Auf einen Blick

Lage: an der nördlichsten Spitze der Bjäre Halbinsel, 14 km nordwestlich von Bastad, 7 km nordöstlich von der Küstenstadt Torekov
Länge: 1,5 km Küste

Hovs Hallar präsentiert sich meist menschenleer. Abgesehen von den Raubmöwen, Sturmschwalben und Krabbentauchern, die in dieser Gegend gern ihre Flugkünste beweisen, trifft man hier selten auf Gesellschaft.

DÄNEMARK

Dänemark besteht aus der Halbinsel Jütland und mehr als 480 Inseln. Die Nordseeküste wird im Norden durch Nehrungen, Strandseen und Dünen charakterisiert, während sich im Süden Watt- und Marschgebiete befinden. Die Weichseleiszeit hat die fruchtbare Hügellandschaft Ostjütlands geprägt. Auch die Ostküste Jütlands weist mit ihren Förden ein eiszeitliches Erbe auf, ebenso die großen Inseln Fünen und Seeland.

JYLLAND (JÜTLAND)

Während das deutsche Bundesland Schleswig-Holstein den Süden der Kimbrischen Halbinsel bildet, erstreckt sich das zu Dänemark gehörende Jütland im Norden. Abgesehen von der Insel Grönland, die ebenfalls politisch zu Dänemark gehört, verfügt Jütland über die größte Landfläche Dänemarks. Seine 7000 Kilometer lange Küste grenzt im Westen an die Nordsee, im Norden an den Skagerrak, im Nordosten an das Kattegat und im Südosten an die Beltsee und die Ostsee im Ganzen. Jütland gliedert sich in vier Sektoren: Der Limfjord teilt das Land in Nord und Süd. Im relativ großen Süden wird zudem zwischen Ost- und Westjütland unterschieden, wobei der reichere Osten dem ärmlicheren Westen gegenübersteht. Zu sehen ist das vor allem an der Verteilung der Ansiedlungen: Im Osten liegen die wohlhabenden Städte des Landes, während kleine Fischerdörfer die westliche Gegend prägen. Landschaftlich gesehen gestaltet sich Ostjütland mit seinen idyllischen Wiesen und flachen Hügeln sanfter als das an der rauen Nordsee gelegene Westjütland und ist deshalb besonders für Radfahrer und Familien interessant. Nord- und Mitteljütland hingegen bilden die kulturelle Hochburg des Landes, in der die meisten historischen Sehenswürdigkeiten wie Schlösser, Klöster und Kirchen besichtigt werden können.

Die gemütliche Stadt Ry in Mitteljütland liegt inmitten unberührter, hügeliger Natur zwischen den zauberhaften Seen Birksø, Knudsø, Rye Mølle Sø und Vessø und wird von alten Buchenhainen umgeben.

Hinter dem breiten, weißen Sandstrand des Ortes Saltum im Norden von Jütland erheben sich bis zu 100 Meter hohe Sanddünen. Im sonst eher flachen Dänemark ist das eine enorme Höhe – deshalb nennen die Einheimischen die Dünen sogar »Alpen«. Der herrlich weite Strand und die frische, gesunde Meeresluft laden zum Verweilen, Spazieren und Erholen ein.

THY
Nationalpark

Im Nordwesten Dänemarks liegt der im Jahr 2007 gegründete, 244 Quadratkilometer große Nationalpark Thy. Er erstreckt sich auf einer Breite von zwölf Kilometern entlang der Nordseeküste der großen nordjütischen Insel Vendsyssel-Thy, die seit der verheerenden Februarflut des Jahres 1825 durch den Limfjord vom Festland getrennt ist. Dieser Küstenabschnitt ist von einer einzigartigen Dünenlandschaft geprägt. Aufgrund starker Winde sind die Dünenkämme vegetationsfrei und immer in Bewegung. In geschützteren Lagen entwickeln sich artenreiche Heiden sowie lichte Waldbestände. Dadurch werden die starken Sandverwehungen, die ganz besonders den westlichen Teil des Nationalparks geprägt hatten, etwas gemindert. In Hanstholm befindet sich ein Wildreservat mit einigen Seen, in dem über 25 verschiedene Vogelarten brüten.

Auf einen Blick

Lage: in der Provinz Nordjylland, erstreckt sich entlang der Küste von Hanstholm bis Agger
Größe: 244 km^2
Gründung: 2008
nationalparkthy.dk

Der Nationalpark Thy ist der älteste in Dänemark. Heute findet die Vogelwelt Nordeuropas hier Rast- und Ruheplätze (großes Bild: Goldregenpfeifer). Besiedelt war das Gebiet bereits in der Bronzezeit.

Rohrweihen (obere Bilder links), Sumpfohreule und Kampfläufer leben im Nationalpark. Die Strandwiesen bieten auch großen Vogelkolonien ausreichend Nahrung.

MOLS BJERGE
Nationalpark

Östlich von Århus liegt der Nationalpark Mols Bjerge auf einer ins Kattegat hinausragenden Halbinsel an der dänischen Ostseeküste. Die zahlreichen Hügel der Region gaben auch dem Nationalpark seinen Namen. Auf einer Fläche von 180 Quadratkilometen findet man eine abwechslungsreiche Seen- und Küstenlandschaft vor, mit unterschiedlichen Biotopen wie Seen, Heideflächen, Wälder, Moore, Strandwiesen und Dünenlandschaften.

Seltene Tier- und Pflanzenarten wie Schmetterlinge und Pechnelken finden hier den für sie passenden Lebensraum. Mehrere Wanderwege erschließen das Gebiet, das nur bis zu 137 Meter Höhe erreicht. Eine besondere Attraktion sind einige Grabhügel aus der Bronzezeit, die auf die frühe Besiedlungsgeschichte dieses Naturraums verweisen, dessen Wälder vermutlich schon in den Steinzeit gerodet wurden.

Auf einen Blick

Lage: im Osten der jütländischen Halbinsel Djursland in der Region Mitteljütland
Größe: 180 km²
Gründung: 2007
nationalparkmolsbjerge.dk

Sand-Strohblume, Gewöhnliche Pechnelke und Küchenschelle lieben Licht und Wärme, weshalb sie sich auf sandigen und sonnenreichen Hängen besonders wohlfühlen.

Kreuzottern sind tagaktiv und lassen sich als wechselwarme Reptilien an geschützten Plätzen von der Sonne wärmen. Ihr Gift ist für den Menschen im Normalfall ungefährlich.

VADEHAVET
Nationalpark | UNESCO-Welterbe

Der dänische Nationalpark Vadehavet erstreckt sich von der deutschen Grenze bis zum Kap Blavand und der Ho-Bucht am Ende der dänischen Wattenküste. Auf einer Strecke von etwa 100 Kilometern umfasst er den gesamten Bereich des dänischen Wattenmeeres und die drei Düneninseln Fanø, Rømø und Mandø mit ihren bekannten breiten Stränden. Der Nationalpark präsentiert von Wattgebieten über Sandbänke bis hin zu Marschland und Strandwiesen alles, was dieser maritime Lebensraum an Faszination zu bieten hat. Mit der Erweiterung im Jahr 2014 zum UNESCO-Weltnaturerbe ist ein riesiges europäisches Schutzgebiet entstanden, das auch den deutschen und niederländischen Teil des Wattenmeers miteinschließt. Die ökologische Bedeutung des Wattenmeers, dieses weltweit größten Naturraums seiner Art, zu würdigen, war und ist dabei zentrales Anliegen.

Auf einen Blick

Lage: im Südosten Dänemarks in der Region Südjütland
Größe: 1466 km²
Gründung: 2010
UNESCO-Weltnaturerbe: seit 2014
de.nationalparkvadehavet.dk

Die Sonne geht auf, die Sonne geht unter: In solch weiter und ungezähmter Natur gewinnt man die Erkenntnis, dass der Mensch nur ein unbedeutender Teil des großen Ganzen ist.

Einzigartige Artenvielfalt im Wattenmeer: Lachmöwen, Austernfischer, Löffler, Knutts, Graugänse, Säbelschnäbler (Bilder oben) und Sanderlinge (links) leben hier.

Die Insel zwischen Fünen und Schweden ist das am dichtesten besiedelte Gebiet des Landes. Intensiv genutzte Kulturflächen lösen Sandstrände, Dünen und Küstenwälder ab.

Seeland, die größte Insel der Ostsee, ist zudem Dänemarks Hauptinsel und bildet das Zentrum für Wirtschaft, Politik und Kultur. Im Osten von Seeland liegt die dänische Hauptstadt Kopenhagen, die nicht nur als eine der bedeutendsten Metropolen Nordeuropas, sondern sogar weltweit als eine der Städte mit der größten Lebensqualität gilt. Ganz Seeland strotzt geradezu vor reichhaltiger und gut dokumentierter Geschichte und Kultur und ist

gespickt mit zahllosen Schlössern, Burgen, Klöstern und Kirchen. Roskilde, die einstige Königsresidenz, beheimatet die zum UNESCO-Welterbe gehörende Kathedrale. Seeland hat aber nicht nur kulturell einiges zu bieten, sondern ist auch aufgrund seiner glazial geprägten Landschaft sehenswert. Während im Süden viele kleine Inseln das Land umkränzen, schneidet im Norden der Isefjord ins Land.

Seeland besticht neben seinem kulturellen Angebot auch mit herrlicher Natur aus grünen Wäldern, sanften Hügeln, sauberen Stränden und kilometerlangen Küstenabschnitten.

JÆGERSBORG DYREHAVE
UNESCO-Welterbe

Etwa 20 Minuten von der Kopenhagener Innenstadt entfernt liegt der Park Dyrehaven, der in seinen weiten Wäldern einen Lebensraum für mehr als 2000 frei umherlaufende Hirsche und Rehe bietet.

Seit dem Jahr 2015 zählt die Parforcejagdlandschaft in Nordseeland zum UNESCO-Weltkulturerbe. Diese Welterbestätte umfasst drei große Waldgebiete im Norden der dänischen Insel Seeland, die vornehmlich im 17. Jahrhundert in königliche Jagdreviere umgewandelt wurden. Die Jagdgebiete gelten als herausragende Beispiele barocker Landschaftsplanung und als gelungene Umsetzung des ihr zugrundeliegenden Prinzips »more geometrico«

(»nach der Art der euklidischen Geometrie«). Bis heute werden die Waldlandschaften des Store Dyrehave, des Gribskov und des Jægersborg Dyrehave von einem Wegenetz durchzogen, das unter König Christian V. (1646–1699) für Parforcejagden angelegt wurde. Diese Form der Jagd, bei der eine von berittenen Jägern begleitete Hundemeute auf das Wild gehetzt wird, erfordert breite Wege, die im 17. und 18. Jahrhundert an vielen Orten Europas in die Wälder geschlagen wurden.

Auf einen Blick

Lage: nördlich von Kopenhagen
Größe: 11 km^2
Gründung: 1669
UNESCO-Weltkulturerbe: seit 2015

2017 ernannte die UNESCO die Ostseeinsel Møn mit den umliegenden Inseln Bogø und Farø zum ersten Biosphärenreservat des Königreichs. Bekannt machten die Insel Møn vor allem ihre weißen Kreidefelsen Møns Klint, die mit 128 Metern majestätisch über das Meer schauen und Dänemarks höchste Steilküste bilden. Mehr als 70 Millionen Jahre sind sie alt und bergen Relikte der Urzeit: versteinerte Schnecken, Tintenfische oder Seeigel. Das Reservat vereint auf seiner rund 450 Quadratkilometer großen Fläche verschiedenste Landschaftstypen: Im Osten Møns liegt die waldreiche Erhebung Høje Møn mit den Kreidefelsen, während der Westen der Insel von der Eiszeit geprägt ist mit Moränen, Tälern und Hügeln, Strandwiesen und -wällen. Darüber hinaus gehören zum Biosphärenreservat eine 185 Kilometer umfassende Küstenlinie und der Ostseeraum mit seinen Fjorden und Mooren.

Erhaben türmen sich die weißen Kreidefelsen am Meeresufer auf. Die krautige Sumpf-Stendelwurz gedeiht vor allem auf kalkhaltigem Boden und kommt in dieser Region daher häufig vor.

Der Blick von Dänemarks steilster Küste geht tief hinunter in das kristallklare Wasser der Ostsee. Oft liegen die Fossilien am Strand, zu dem Holztreppen hinunterführen.

Die von der Sonne verwöhnte Insel Bornholm liegt geografisch gesehen weiter von Dänemark entfernt als von Schweden, Polen oder Deutschland. Durch die isolierte Lage hat sie ihren eigenen Charakter entwickelt.

Mit ihren Feigenbäumen und weiß getünchten Schornsteinen wirkt die »Perle der Ostsee« nahezu mediterran. Das bezaubernde Licht der vor der Südostspitze Schwedens gelegenen Insel zog schon im 19. Jahrhundert zahlreiche Künstler an. Das hat sich bis heute nicht geän-

dert – im Verhältnis zu ihrer Einwohnerzahl weist die Insel die höchste Dichte an Künstlern und Kunsthandwerkern in ganz Europa auf. Wie von Malerhand geschaffen wirken auch die Küstenlandschaften: Während der Süden von kilometerlangen weißen Sandstränden und kleinen Badebuchten eingenommen wird, zeigt sich die Nordküste steil und zerklüftet. Bis zu 22 Meter hoch recken sich die Felsnadeln der vom Meer umspülten Helligdomsklippen in die Höhe. Das Inselinnere wiederum beeindruckt durch eines der größten zusammenhängenden Waldgebiete Dänemarks.

Obwohl die Insel sehr klein ist – von Nord nach Süd misst sie maximal 40 Kilometer und von Ost nach West nur 30 Kilometer –, zeigt sie sich landschaftlich sehr abwechslungsreich: Im Süden erstrecken sich weite Strände und hohe Dünen, im Norden säumen Felsen aus Granit die Küsten.

REGISTER

Uralte Bäume erzählen rauschend die Geschichten vergangener Tage, Sjæland, Dänemark.

BILDNACHWEIS, IMPRESSUM

Abkürzungen:
C = Corbis, G = Getty, M = Mauritius

S. 2/3 G/ketkarn sakultap, S. 4 G/Paul Souders, S. 6/7 G/Andy Mann, S. 8/9 G/Chase Dekker Wild-Life Images, S. 9 M/Roy Mangersnes, S. 10/11 G/Nick Dale, S. 11 G/Randy Taylor, S. 12/13 G/Wei Hao Ho, S. 13 G/Chris Schmid, S. 14/15 G/Arne Bivrin, S. 15 G/Mariusz Kluzniak, S. 16/17 G/Chase Dekker, S. 17 M/Radius Images, S. 18 G/David Merron, S. 19 G/Paul Souders, S. 20 M/Jacopo Rigotti, S. 20 M/Danny Green, S. 20 M/Ole Jorgen Liodden, S. 20/21 G/Micheldenijs, S. 21 M/Novarc, S. 22 G/Ralph Lee Hopkins, S. 22 G/Tim Melling, S. 22 G/Stefan Gruber, S. 22 G/Stefan Gruber, S. 22 G/Dorit Bar-Zakay, S. 22/23 G/Paul Souders, S. 23 G/Ralph Lee Hopkins, S. 24 G/Paul Souders, S. 24/25 G/Chase Dekker, S. 26 M/Alamy, S. 26 G/Michael Nolan, S. 26/27 G/Michael Nolan, S. 28/29 G/Juergen Ritterbach, S. 29 G/David Merron, S. 30 C/Dave G. Houser, S. 30 G/Michael Hall, S. 30/31 G/Stocktrek Images, S. 32/33 G/Leonid_tit, S. 34 G/skynesher, S. 34/35 G/Image Makers, S. 36 G/Darren Brown, S. 36 G/CResende, S. 36 G/Drcooke, S. 36 G/Elena Pueyo Ruiz, S. 37 G/Patrick Lienin, S. 37 G/Pone Pluck, S. 37 G/Peerasit Chockmaneenuch, S. 37 G/Sergey Alimov, S. 38/39 G/Natthawat Jamnapa, S. 39 G/Freeezzzz, S. 40 Martin Mehes/Shutterstock.com, S. 40 G/IlexImage, S. 41 G/Arctic-Images, S. 41 G/Sjoerd van der Wal, S. 41 G/Wildestanimal, S. 41 G/Raphael Chapot, S. 41 G/Alex Mustard, S. 42 G/Zinaida Sopina, S. 42 G/Nutkamol Komolvanich, S. 42 G/Cedric Favero, S. 42 G/Marco Bottigelli, S. 42/43 G/Peerakit JIrachetthakun, S. 43 G/Daniel Viñé Garcia, S. 43 G/Daniel Viñé Garcia, S. 44/45 G/Frank Smout, S. 45 G/Sing Kwan Ng, S. 46 G/Chalermkiat Seedokmai, S. 47 G/Raphael Chapot, S. 47 G/Pedre, S. 47 G/Pedre, S. 48 G/Sjoerd van der Wal, S. 48/49 G/Ramiro Torrents, S. 50 G/Sigmundur Andresson, S. 50 G/Henn Photography, S. 51 G/LuismiX, S. 51 G/Win Initiative, S. 51 G/Deb Snelson, S. 52/53 G/Pisit Rapitpunt, S. 53 G/Tobias Ackeborn, S. 53 Look/David Köster, S. 53 G/Pisit Rapitpunt, S. 54/55 G/Pall Jokull, S. 55 G/Ketkarn Sakultap, S. 56/57 G/Michal Samek, S. 57 G/Phaitoon Sutunyawatchai, S. 58/59 M/Michael Peuckert, S. 59 G/Matteo Colombo, S. 60/61 G/Tómas Freyr Kristjánsson, S. 61 G/Julien Ratel, S. 61 G/Sumarliði Ásgeirsson, S. 62/63 G/Christian Wilt, S. 63 G/Travelpix Ltd, S. 64 M/Dave Derbis, S. 64/65 Piotr Gatlik/Shutterstock.com, S. 65 G/Dennis Fischer, S. 66/67 G/Monica Bertolazzi, S. 67 G/Pone Pluck, S. 68/69 G/Marco Bottigelli, S. 69 G/Andrea Comi, S. 69 G/Pone Pluck, S. 69 G/David Rius & Núria Tuca, S. 70/71 G/Matteo Colombo, S. 70/71 G/Moritz Wolf, S. 72/73 G/Mariusz Kluzniak, S. 73 G/Federica Gentile, S. 74/75 G/CResende, S. 75 G/Erwan Le Roux, S. 76/77 G/Dmitry Naumov, S. 77 G/Robert Postma, S. 78/79 G/Chris Ruefli, S. 79 G/Eirik Sørstrømmen, S. 80/81 G/Theerayoot Tapina, S. 81 G/Dennis Fischer, S. 82 G/Daniel Viñé Garcia, S. 82 G/Borchee, S. 83 G/Saleh AlRashaid, S. 83 G/Atliegilsson, S. 83 G/Feifei Cui-Paoluzzo, S. 84 G/Boy_Anupong, S. 84/85 Feel good studio/Shutterstock.com, S. 86/87 G/Coolbiere photograph, S. 87 G/Gulli Vals, S. 87 G/Steffen Schnur, S. 87 G/Robert Postma, S. 88/89 G/Kryštof Svatoň, S. 89 G/Sigrunth, S. 89 G/Patricia Hamilton, S. 90 G/Krzysztof Baranowski, S. 91 G/Wei Hao Ho, S. 92/93 M/Christopher Lund, S. 93 G/Southern Lightscapes-Australia, S. 93 G/Krzysztof Baranowski, S. 93 JuliaHermann/Shutterstock.com, S. 93 G/Southern Lightscapes-Australia, S. 94/95 G/Andris Barbans, S. 96/97 G/Eirik Sørstrømmen, S. 97 G/Peerasit Chockmaneenuch, S. 98/99 G/Roberto Moiola, S. 98/99 G/Salim Madjd, S. 100/101 Look/Saga Photo, S. 100/101 M/Novarc, S. 102/103 G/Swen Stroop, S. 103 G/Swen Stroop, S. 104/105 G/Stanley Chen Xi, S. 105 G/Viktor Posnov, S. 106 G/Roberto Moiola, S. 106 M/Brent Stephenson, S. 106 G/Bergur I. Johansen, S. 107 G/Patrick Dieudonne, S. 107 G/Tobias Bernhard, S. 108/109 G/Cristian Kirshbom, S. 110/111 G/Ole Henrik Skjelstad, S. 111 G/Patrick Jakobsson, S. 112/113 G/Lars Mathisen, S. 113 G/Krzysztof Baranowski, S. 114/115 M/Alamy, S. 115 C/Wouter Pattyn, S. 116/117 G/Feifei Cui-Paoluzzo, S. 117 M/Bernd Römmelt, S. 118 M/David Pattyn, S. 118/119 M/David Pattyn, S. 120 G/Michael Nolan, S. 120 G/Paul Souders, S. 120 G/Daniel MacDonald, S. 120 M/United Archives, S. 120 M/A. Brillen, S. 120 M/Christoph Ruisz, S. 121 M/Andy Trowbridge, S. 121 G/Jan-Stefan Knick, S. 121 M/David Oberholzer, S. 121 M/Andy Trowbridge, S. 122 M/Alamy, S. 122 M/Matthias Breiter, S. 122/123 G/Anna Shtraus, S. 123 M/Steve Gettle, S. 123 M/Valentin Heimer, S. 123 M/Alamy, S. 123 M/Alamy, S. 124 M/Alamy, S. 124/125 M/Alamy, S. 124/125 M/David Oberholzer, S. 125 M/Gerrit Vyn, S. 125 G/Jan-Stefan Knick, S. 126/127 G/Marg Wood, S. 127 G/Marg Wood, S. 127 G/Dmitriy Smirnov, S. 128 G/Val Thoermer, S. 128/129 G/Janne Kahila, S. 130 M/Markus Varesvuo, S. 130 M/Reiner Bernhardt, S. 130 M/Erlend Haarberg, S. 130 G/Sonja Jordan, S. 130 M/David & Micha Sheldon, S. 131 M/Richard Becker, S. 131 M/Philippe Clement, S. 131 M/Alamy, S. 131 M/Alamy, S. 131 M/Alamy, S. 131 M/Hans Reinhard, S. 132 M/Bard Loken, S. 132 G/Stein Liland, S. 132/133 G/Frank Olsen, S. 134/135 G/Jacek Kadaj, S. 135 G/Wei Hao Ho, S. 136/137 G/Stein Liland, S. 136/137 G/Tommy Johansen, S. 138/139 G/Laurent Fox, S. 139 G/Lenka Nejedla, S. 140 M/Lydie Gigerichova, S. 140 M/Lydie Gigerichova, S. 140 M/Lydie Gigerichova, S. 140/141 M/Lydie Gigerichova, S. 141 M/David Oberholzer, S. 141 M/Alamy, S. 141 M/Marcel van Kammen, S. 141 M/Gerhard Tegeler, S. 141 M/Bruno Kickner, S. 142 M/Lydie Gigerichova, S. 142/143 M/Lydie Gigerichova, S. 143 M/Norbert Rosing, S. 144/145 G/Thomas Pollin, S. 146 G/Sindre EEngelstad, S. 146 G/Barbara Neal, S. 146 M/Michael Durham, S. 146 M/Alamy, S. 146/147 G/Richard McManus, S. 147 M/Lydie Gigerichova, S. 147 M/Bernd Zoller, S. 148/149 M/Hannu Hautala, S. 149 G/Giulio Cobianchi, S. 150 G/Kim Levi Danielsen, S. 150/151 G/Sodapix, S. 151 G/Erlend Haarberg, S. 151 G/Erlend Haarberg, S. 151 G/Erlend Haarberg, S. 152 M/Mark Hamblin, S. 152 M/Lydie Gigerichova, S. 152 M/Lydie Gigerichova, S. 152 M/John Gooday, S. 152 M/Lydie Gigerichova, S. 153 M/Lydie Gigerichova, S. 154 M/Kevin Prönnecke, S. 154 G/Spreephoto.de, S. 154 M/Lydie Gigerichova, S. 154 M/Kevin Prönnecke, S. 154 M/Kevin Prönnecke, S. 154/155 M/Alamy, S. 156 M/Kevin Prönnecke, S. 156 G/Rainer Mirau, S. 156 M/Kevin Prönnecke, S. 156/157 G/Gustaf Emanuelsson, S. 156/157 G/Per Ottar Walderhaug, S. 157 M/Gerhard Zwerger-Schoner, S. 157 M/Kevin Prönnecke, S. 157 M/Kevin Prönnecke, S. 157 M/Kevin Prönnecke, S. 158 INTREEGUE Photography/Shutterstock.com, S. 158/159 G/Jan-Stefan Knick, S. 159 G/Ramon Duran Merino, S. 159 M/Stefan Schurr, S. 159 M/Mario Tumm, S. 160 M/Reinhard Hölzl, S. 160 M/Bob Gibbons, S. 160/161 G/Nordreisender, S. 162/163 G/Geir Kristiansen, S. 163 G/no_limit_pictures, S. 164 M/Gerhard Zwerger-Schoner, S. 164 M/Alfred Trunk, S. 164/165 M/Michael Nolan, S. 165 M/United Archives, S. 165 M/Friedhelm Adam, S. 165 M/Friedhelm Adam, S. 165 M/Philip Friskorn, S. 165 C/Klaus Honal, S. 165 M/Alamy, S. 165 G/Winfried Wisniewski, S. 165 M/Friedhelm Adam, S. 166/167 G/Karsten Bidstrup, S. 167 G/Douglas Pearson, S. 168/169 G/Huck Sim, S. 169 G/Stefan Aichinger, S. 170/171 G/John and Tina Reid, S. 171 G/Sjoerd van der Wal, S. 172/173 G/Neal J. Wilson, S. 173 G/Morten Falch Sortland, S. 173 G/Neal J. Wilson, S. 174 G/Sven Andersen, S. 174 G/Stephan Boehme, S. 174/175 G/Carmen Steiner, S. 175 G/Ian Rennie, S. 175 G/Elzauer, S. 176 M/Stefan Schurr, S. 176/177 G/B.Aa. Sætrenes, S. 178 G/Marek Stefunko, S. 178 G/Bjørn Hovland Børve, S. 178/179 G/Geir Kristiansen, S. 180 M/age, S. 180/181 G/B.Aa. Sætrenes, S. 182/183 G/Jan-Stefan Knick, S. 183 G/Adrian Kröpfli, S. 183 G/Morten Falch Sortland, S. 183 M/Jussi Murtosaari, S. 184/185 G/Morten Falch Sortland, S. 185 G/Wei Hao Ho, S. 186 G/Westend61, S. 186 G/Elias Lont, S. 186 G/Morten Prom, S. 186/187 G/Magnus Hytten, S. 187 G/Es1Ma, S. 188 G/Baac3nes, S. 188 G/Baac3nes, S. 188 G/Baac3nes, S. 188/189 G/Uberdogleg, S. 189 G/Uberdogleg, S. 190/191 G/David Olsson, S. 192/193 M/Robert Haasmann, S. 193 G/Johner Bildbyra, S. 194/195 G/Mats Lindberg, S. 195 G/Orsolya Haarberg, S. 195 G/Christian Handl, S. 195 G/Kevin Pronnecke, S. 195 G/Johner Bildbyra, S. 196 M/Alamy, S. 196/197 G/Sonja Jordan, S. 197 C/Hans Strand, S. 197 M/Heike Odermatt, S. 198 G/Hans Strand, S. 199 G/Hans Strand, S. 199 G/Anders Ekholm, S. 200/201 G/Anders Ekholm, S. 201 M/Erlend Haarberg, S. 201 G/Winfried Wisniewski, S. 201 G/Westend61, S. 201 M/Erlend Haarberg, S. 201 G/Johner Bildbyra, S. 202 M/Anders Ekholm, S. 202/203 M/Nick Wendt, S. 202/203 M/Bernd Römmelt, S. 202/203 M/Robert Haasmann, S. 203 G/Kevin Pronnecke, S. 203 G/Johner Bildbyra, S. 204/205 G/Anders Ekholm, S. 205 M/Werner Layer, S. 205 G/Johner Bildbyra, S. 205 M/Jspix, S. 206 G/Pontus Charleville, S. 206 G/Martin Jönsson, S. 206 G/Martin Jönsson, S. 206/207 G/Johner Bildbyra, S. 207 G/Martin Jönsson, S. 208/209 G/Anders Green, S. 209 G/Mikael Karlsson, S. 210 M/Lydie Gigerichova, S. 210/211 G/Roine Magnusson, S. 211 M/David & Micha Sheldon, S. 211 M/David & Micha Sheldon, S. 211 M/Garry Ridsdale, S. 212/213 G/Johner Bildbyra, S. 213 G/Samuli Vainionpää, S. 214/215 Look/age, S. 215 G/Petzi Productions, S. 215 Look/Rainer Mirau, S. 216/217 G/Alan Tunnicliffe, S. 217 M/Wim Weenink, S. 217 francesco de marco/Shutterstock.com, S. 217 G/Michael Cummings, S. 217 M/Bernard Castelein, S. 217 G/David Bithell, S. 218 M/Alamy, S. 218 G/Mikael Drackner, S. 218/219 M/age, S. 219 M/Pixtal, S. 219 M/Pixtal, S. 219 M/Pixtal, S. 220 G/Charley Yelen, S. 220 G/Jan & Nadine Boerner, S. 220 G/Charley Yelen, S. 220/221 M/age, S. 221 M/Johnér, S. 221 M/Johnér, S. 221 M/Johnér, S. 222/223 G/Jan Tove Johansson, S. 223 G/Geert Weggen, S. 223 G/Geert Weggen, S. 223 G/Geert Weggen, S. 223 G/John Short, S. 223 G/Geert Weggen, S. 224/225 M/Günter Lenz, S. 225 M/K. Schlierbach, S. 225 G/Philippe Henry, S. 225 M/Alamy, S. 225 G/Mikael Ackelman, S. 226/227 G/Patrick Jakobsson, S. 227 G/Patrick Jakobsson, S. 228 G/Hans Strand, S. 229 G/Eddie Granlund, S. 229 G/Eddie Granlund, S. 229 G/Javier Fernández Sánchez, S. 229 G/Hans Strand, S. 229 M/Johnér, S. 229 G/Stefan Estassy, S. 230 G/Artur Debat, S. 230 G/Anders Ekholm, S. 230 G/Hansi Elsbacher, S. 230 G/Photomick, S. 231 G/Lasse Ekl_f, S. 232 M/Bernd Zoller, S. 232 M/Günter Grüner, S. 232 M/Johnér, S. 232 M/Lydie Gigerichova, S. 232 M/Johnér, S. 233 M/K. Schlierbach, S. 233 M/K. Schlierbach, S. 233 M/Johnér, S. 234/235 G/David Olsson, S. 235 G/Johner Bildbyra, S. 235 G/Johner Bildbyra, S. 235 G/David Olsson, S. 235 G/David Olsson, S. 236 G/Gavin Bickerton-Jones, S. 236/237 M/Günter Grüner, S. 238 M/K. Schlierbach, S. 238 M/K. Schlierbach, S. 238 M/K. Schlierbach, S. 238/239 C/Marten Dalfors, S. 239 M/Bill Coster, S. 239 G/Hans Henning Wenk, S. 240 M/Alamy, S. 240/241 M/Thomas Hinsche, S. 241 M/Oliver Richter, S. 241 M/Lundgren, S. 241 M/Linda Pitkin, S. 242/243 G/Eddie Granlund, S. 243 M/Alamy, S. 243 M/Anton Luhr, S. 244 G/Mikael Sjösten, S. 245 G/Johner Bildbyra, S. 245 G/Johner Bildbyra, S. 245 G/Johner Bildbyra, S. 246 G/Hakan Nyberg, S. 246 G/Johner Bildbyra, S. 246 G/Tomas Nilsén, S. 247 M/Anders Ekholm, S. 247 M/Alamy, S. 248 G/Johner Bildbyra, S. 248 G/Pr Ohlson, S. 248/249 G/Stefan Holm, S. 249 G/Martin Wahlborg, S. 250 M/Alamy, S. 250 M/Alamy, S. 250 M/Alamy, S. 250/251 G/Michael Melford, S. 251 C/Jonathan Andrew, S. 251 M/Alamy, S. 251 G/Johner Bildbyra, S. 251 M/Alamy, S. 252 G/Anders Ekholm, S. 252/253 G/Stefan Gunnarsson, S. 254/255 G/Johner Bildbyra, S. 255 G/Johner Bildbyra, S. 256/257 G/Magnus Larsson, S. 257 G/Bradley Wells, S. 258 G/Hugo, S. 258 G/Mattias Ormestad, S. 258/259 G/Fokusfixerad, S. 260/261 G/Werner Dieterich, S. 262/263 G/Simon Jorgensen, S. 263 G/Nick Brundle, S. 263 G/Nick Brundle, S. 264/265 C/Danny Ellinger, S. 265 M/Bartoch, S. 265 C/Konrad Wothe, S. 265 M/Raimund Linke, S. 265 C/Marsh Harrier, S. 265 C/Marsh Harrier, S. 265 C/Winfried Wisniewski, S. 266 G/Education Images, S. 266/267 M/Alamy, S. 267 M/Brigitte Protzel, S. 267 M/Alamy, S. 267 G/UIG, S. 268 G/Janine Petereit, S. 268 G/Nick Brundle, S. 269 M/Alamy, S. 269 M/Jan Baks, S. 269 M/Alamy, S. 269 M/S. Ott, S. 269 G/Novák, S. 269 M/Justus de Cuveland, S. 269 G/Claude Balcaen, S. 270/271 G/Danita Delimont, S. 271 G/Mirza Ekinovic, S. 271 G/Muriel de Seze, S. 272/273 G/Ralf Kistowski, S. 273 G/Kateryna Negoda, S. 274/275 G/Clarkand Company, S. 275 M/Cultura, S. 275 M/Bartoch, S. 275 M/Werner Dieterich, S. 276/277 G/Altrendo travel, S. 277 G/Ingunn B. Haslekaas, S. 277 G/Ingunn B. Haslekaas, S. 279 M/Alamy

Genehmigte Sonderausgabe für Weltbild GmbH & Co. KG
Werner-von-Siemens-Str. 1, 86159 Augsburg

b2b@kunth-verlag.de

Umschlaggestaltung: Büro 18, Friedberg (Bay.)
Umschlagmotiv: mauritius images / Ingram Premium Collection

Printed in Slovakia

ISBN 978-3-8289-5490-8

Besuchen Sie uns im Internet:
www.weltbild.de

Texte: Katinka Holupirek, Laura Joppien, Michaela Jancauskas, Andrea Rudolf, Anna Eckerl, Annika Voigt
Redaktion: Jennifer Künkler